DIE WELLE

MORTON RHUE

Die Seitenangaben in diesem
Lehrerheft beziehen sich auf
folgende Taschenbuchausgabe:
Morton Rhue: ***Die Welle***
ISBN 978-3-473-58008-8
Ravensburger Taschenbuch
Die Bestellnummer des
Krapp & Gutknecht Verlages lautet:
TBWelle

Lehrerheft

Julia Biedermann

Krapp & Gutknecht

Inhaltsverzeichnis

Vorwort ... 3

Inhalt des Romans ... 4

Empfehlungen zur Vertiefung ... 5

Lösungen zu den Aufgaben des Lesebegleiters ... 6

- Erste Begegnung mit *Die Welle* ... 6
- Inhalt und Figuren des Romans ... 7
  - Kapitel 1 | Seite 7–15 ... 7
  - Figurenschaubild ... 8
  - Kapitel 2 | Seite 17–25 ... 10
  - Kapitel 3 | Seite 27–35 ... 12
  - Kapitel 4 | Seite 37–41 ... 13
  - Kapitel 5 | Seite 43–55 ... 13
  - Kapitel 6 | Seite 57–65 ... 16
  - Kapitel 7 | Seite 67–73 ... 18
  - Kapitel 8 | Seite 75–85 ... 19
  - Kapitel 9 | Seite 87–97 ... 20
  - Kapitel 10 | Seite 99–104 ... 21
  - Kapitel 11 | Seite 107–113 ... 22
  - Kapitel 12 | Seite 115–125 ... 23
  - Kapitel 13 | Seite 127–131 ... 24
  - Kapitel 14 | Seite 133–140 ... 25
  - Kapitel 15 | Seite 143–159 ... 27
  - Kapitel 16 | Seite 161–169 ... 30
  - Kapitel 17 | Seite 171–180 ... 32
  - Kapitelübersicht ... 33

Weitere Arbeitsblätter ... 34

- Adolf Hitler – ein ehemaliger Anstreicher? ... 35
- Der Widerstand ... 36
- Einen inneren Monolog verfassen ... 37
- Eine Rezension zu *Die Welle* ... 38
- Roman und Film ... 39
- Faschismus heute? ... 40
- Lösungen zu den Arbeitsblättern ... 41

Leistungsmessung ... 45

- Klassenarbeit ... 45
- Lösungen zur Klassenarbeit ... 47

Wie funktioniert der Downloadbereich? ... 49

Im **Downloadbereich** finden Sie die Arbeitsblätter dieses Lehrerhefts als PDFs sowie zusätzliche Materialien wie Illustrationen (siehe dazu auch S. 49). Scannen Sie dazu einfach den nebenstehenden QR-Code oder geben Sie den Link ohne „www."/„https://"in die Adresszeile Ihres Browsers ein:

kugverlag.de/downloadwelle

Sollte der Kurzlink nicht funktionieren, können Sie folgenden verwenden:
https://download.krapp-gutknecht.de/index.php/s/XtWnibXSix4BJBS

Ihr Passwort lautet: LHWelle!2021

Vorwort

„»Ben, ich glaube, du hast ein Monster erschaffen«.“ (S. 54)

Die Welle (1981) beschreibt das gleichnamige Experiment des ambitionierten Geschichtslehrers Ben Ross, der seiner Klasse an der Gordon High in einer US-amerikanischen Kleinstadt die Entstehung des Nationalsozialismus verständlich machen will. Bald muss er feststellen, dass es zu gut funktioniert und er die Kontrolle darüber zu verlieren droht ...

Der auf einer wahren Begebenheit basierende Roman zeigt mit deutlichen Parallelen zur NSDAP und Hitlerjugend auf, wie schnell sich Menschen von einem charismatischen Führer manipulieren und für eine Ideologie begeistern lassen – eine Warnung, die stets aktuell bleibt.

Dieses Lehrerheft bezieht sich auf den Lesebegleiter von Michaela Staleker, Udo Staleker und mir. Es enthält neben den Lösungen zusätzliche Arbeitsblätter und eine Klassenarbeit zum Abschluss der Lektüre.

Vielen Dank an die beiden für das in mich gesetzte Vertrauen.
Ihnen und Ihren Schülerinnen und Schülern wünsche ich eine bereichernde und spannende Leseerfahrung!

Julia Biedermann

Dieses Lehrerheft bezieht sich auf:

Lesebegleiter
Die Welle
Michaela Staleker,
Udo Staleker,
Julia Biedermann

ISBN 978-3-946482-69-7
32 S.
Krapp & Gutknecht Verlag
Bestellnummer: S2069

Ergänzend erhältlich

DVD
Die Welle
Theaterstück von Reinhold Tritt
nach einem Experiment
von Ron Jones
Eine Inszenierung des
Theaters Plauen-Zwickau
87 Min.
ISBN 978-3-932609-69-5
Krapp & Gutknecht Verlag
Bestellnummer: DVDWelle

Booklet
Materialien und Kopiervorlagen
Cornelia Zenner
Die Welle
Theaterstück von Reinhold Tritt
nach einem Experiment
von Ron Jones
ISBN 978-3-932609-70-1
96 S.
Krapp & Gutknecht Verlag
Bestellnummer: L970

Hörbuch
Die Welle
Gelesen von David Nathan
ISBN: 978-3-7456-0162-6
3 Std. 37 Min.
1 MP3-CD
Verlag Silberfisch
Krapp & Gutknecht Verlag
Bestell-Nr.: HörWelle

Inhalt des Romans

Alles beginnt damit, dass der Geschichtslehrer Ben Ross seinen Schülern im Unterricht einen Film über die Verbrechen der Nationalsozialisten vorführt. Die meisten Schüler fragen verstört, wie es dazu kommen konnte und weshalb niemand eingeschritten sei. Ben Ross versucht, das Verhalten der Menschen von damals zu erklären, doch er kann die Fragen seiner Klasse nicht zu deren Zufriedenheit beantworten. Abends kommt ihm die Idee, ein Experiment mit seinen Schülern durchzuführen, um ihnen die Situation im Dritten Reich näherzubringen und so selbst Antworten zu finden.

Am Morgen schreibt er den ersten Leitsatz „Macht durch Disziplin" an die Tafel und erklärt, dass Macht nur durch Disziplin erreicht werden kann. Er gewöhnt die Schüler mit kleinen Aufgaben, wie aufrechtem Sitzen oder Stillsein, daran, auf seine Befehle zu hören. Die Schüler, vor allem der Klassenschwächste Robert Billings, sind überraschend motiviert und machen mit. Daraufhin führt Ben Ross neue Verhaltensregeln für seinen Unterricht ein: Wer eine Antwort gibt, muss aufstehen und ihn mit Mister Ross ansprechen. Der Schüler David Collins findet Gefallen an den neuen Regeln und dem aufkommenden Gemeinschaftsgefühl; er sieht darin das Potenzial, seiner Footballmannschaft zum Erfolg zu verhelfen.

Der Lehrer beschließt, das Experiment fortzusetzen und schreibt in der nächsten Stunde den zweiten Leitsatz „Macht durch Gemeinschaft" an die Tafel. Er erweitert das Ganze durch einen neuen Gruß und ein Symbol der Gemeinschaft: eine Welle. David stellt das Konzept seinen Teamkameraden vor, sodass sich die Welle weiter ausbreitet. Seine Freundin Laurie Saunders, die Chefredakteurin der Schülerzeitung „Ente", erzählt ihren Eltern von dem Experiment. Ihre politisch aktive Mutter ist besorgt, weil die Welle die Schüler manipuliert. Nach diesem Gespräch beginnt auch Laurie, sich Gedanken zu machen.

Ben Ross setzt das Experiment weiter fort, indem er Mitgliederkarten verteilt, von denen manche mit einem roten X markiert sind. Deren Besitzer werden zu „Helfern" erhoben. Nun folgt der letzte Leitsatz „Macht durch Handeln". Der Lehrer bemerkt, dass die Welle sich inzwischen an der ganzen Schule ausbreitet und eine von seinem Unterricht unabhängige Organisation geworden ist. Insbesondere der einstige Außenseiter Robert Billings identifiziert sich damit und wird sogar der Leibwächter von Ben Ross, seinem „Führer".

Die Situation spitzt sich zu, als Laurie in der Redaktion einen anonymen Brief erhält, in dem ein jüngerer Schüler schildert, dass er bedroht wird, weil er der Bewegung nicht beitreten will. Laurie will ihre wachsenden Zweifel mit David besprechen, doch dieser ist so überzeugt von den Ideen der Welle, dass er nicht mit sich reden lässt. An der Versammlung der Welle am Nachmittag nimmt Laurie nicht teil. Zu Hause erfährt sie von ihrem Vater, dass nach der Versammlung ein jüdischer Junge zusammengeschlagen wurde, weil er sich negativ gegenüber der Organisation geäußert hat.

Daraufhin schreibt Laurie einen kritischen Leitartikel über die Welle, in dem sie alle Schattenseiten aufdeckt. Ben Ross ist schockiert, als er den Artikel in der Schülerzeitung liest, und ihm wird klar, dass er zu weit gegangen ist und alles aus dem Ruder zu laufen droht. Laurie ist nun zur Feindin der Welle geworden. David will sie zurück in die Organisation holen, doch als sie ablehnt, verliert er die Beherrschung und schubst sie auf den Boden. In diesem Moment wird ihm klar, dass er falsch liegt und er bittet Laurie um Verzeihung. Sie suchen Mr Ross auf und beschließen zusammen, die Welle zu beenden.

Am nächsten Tag findet die letzte, gut besuchte Versammlung der Welle statt. Mr Ross behauptet, dass die Welle inzwischen eine landesweite Organisation geworden sei und kündigt deren nationalen Führer an. Alle warten gespannt und sind entsetzt, als der Lehrer ihnen als Auflösung ein Bild von Adolf Hitler zeigt. Ben Ross erklärt ihnen anhand der Ereignisse der letzten Tage das Verhalten der Menschen im Dritten Reich und macht ihnen klar, dass auch sie „gute Nazis" gewesen wären. Im Anschluss nimmt er sich des verstörten Roberts an, für den eine Welt zusammengebrochen ist. Zum ersten Mal hatte er das Gefühl, dazuzugehören.

Empfehlungen zur Vertiefung

Zur weiteren Vertiefung der NS-Thematik empfehlen sich unter anderem:

***Anja Tuckermann,* Mano – Der Junge, der nicht wusste, wo er war**
Dieses Buch erzählt die unglaubliche, aber wahre Geschichte des Sinto-Jungen Mano. Er überlebt mehrere nationalsozialistische Konzentrationslager und den Todesmarsch von Sachsenhausen.
Nach dem Krieg retten befreite Französinnen den Elfjährigen und nehmen ihn mit nach Frankreich.
Doch bevor sie die Grenze überqueren, schärfen sie ihm ein, seinen Namen und seine Herkunft nicht zu verraten. Er verschweigt fortan seine Identität, auch als er auf Menschen trifft, die ihm helfen wollen und ihn wie einen eigenen Sohn lieben. Dass seine Eltern noch leben, weiß er nicht. Verzweifelt suchen sie nach ihm, aber wie soll man jemanden finden, dessen genauen Namen niemand kennt?

ISBN: 978-3-943767-43-8, Bestellnummer des Krapp und Gutknecht Verlags: TBMano

***Erich Hackl,* Abschied von Sidonie**
Erich Hackl erzählt das bewegende Schicksal des Romakindes Sidonie Adlersburg, das als Säugling im August 1933 im österreichischen Steyr ausgesetzt wurde. Familie Breirather in Sierning-Letten nimmt das Mädchen als Ziehkind auf, es lebt behütete Jahre bei ihnen und Fred Breirather wird ihr ein lieber Bruder. Doch die zuständigen Amtspersonen liefern das Mädchen dem Rassenwahn aus. Breirathers verzweifelte Bemühungen, das Kind vor der Deportation und Ermordung in Auschwitz-Birkenau zu bewahren, scheitern. *Abschied von Sidonie* ist nicht nur eine Chronik der Gewalt, von der „Trägheit des Herzens und Bestialität des Anstands", sondern auch eine Liebeserklärung an Menschen, die in großen wie in kleinen Zeiten Mitgefühl und Selbstachtung vor falsch verstandene Pflichterfüllung gestellt haben.

ISBN: 978-3-257-22428-3, Bestellnummer des Krapp und Gutknecht Verlags: TBSidonie

***John Boyne,* Der Junge im gestreiften Pyjama**
Den Holocaust durch Kinderaugen sehen: Ein hoher Zaun trennt den 9-jährigen Bruno von seinem neuen Freund Schmuel, besagtem Pyjamaträger. Die Jungen leben räumlich nah beieinander und doch in verschiedenen Welten, denn Brunos Vater ist der Lagerkommandant, während der jüdische Schmuel im KZ um sein Leben bangen muss. Boynes Perspektive des neunjährigen Jungen gestattet einen naiven, unverstellten Blick auf die grausamen Absurditäten, die sich für Bruno unverständlich, „auf der Seite hinter dem Zaun" ereignen.

ISBN: 978-3-596-80683-6, Bestellnummer des Krapp und Gutknecht Verlags: TBPyjama

***Elisabeth Zöller,* Wir tanzen nicht nach Führers Pfeife**
Der 17-jährige Paul muss 1943 fliehen, da er weiß, dass die Aufforderung, wie sein Vater ins Sammellager zu fahren, den Tod bedeutet. Im zerbombten Köln trifft er auf eine Gruppe Jugendlicher, Mitglieder der verfolgten »Edelweißpiraten«, die sich den NS-Zwängen nicht unterwerfen wollen. Hotte, Bastian und Franzi, in die sich Paul sofort verliebt hat, helfen ihm beim Untertauchen.
Die Widerstandsaktionen der Gruppe steigern sich: Flugblätter gegen die HJ und Hitler, Überfälle auf Lebensmitteltransporter und schließlich auch Sabotageakte. So geraten sie zunehmend in den Terror der Gestapo. Als einer von ihnen bei einem Überfall erschossen wird, nimmt das Leben der Gruppe eine dramatische Wende. Haft, Folter und die Todesstrafe drohen.

ISBN: 978-3-423-62563-0, Bestellnummer des Krapp und Gutknecht Verlags: TBTanzen

Zu allen Lektüren bieten wir Lehrer- und Schülermaterialien an. Sie können die Taschenbücher bequem bei uns im Klassensatz erwerben.

Lösungen zu den Aufgaben des Lesebegleiters

Hinweis: Da die meisten Aufgaben, insbesondere die Schreibaufgaben, individuelle Lösungen hervorbringen, sind diese eher als Lösungsvorschläge zur Orientierung zu betrachten. Die Lösungen basieren auf den Lesetagebüchern von Emmely Dick, Leonie Karger, Louise Meiser und Annika Schneider, Realschule zur Flügelau Crailsheim.

S. 4

Erste Begegnung mit *Die Welle*

Dieses Symbol verweist auf die entsprechende Seite im Lesebegleiter.

➲ **Aufgabe 1**

Macht durch Disziplin!

Um Macht zu erlangen, benötigt man viel (Selbst-)Disziplin, man braucht Regeln und einen Plan.

Macht durch Gemeinschaft!

Einer allein kann kaum etwas verändern, aber eine Gemeinschaft mit Zusammenhalt kann viel mehr erreichen.

Macht durch Handeln!

Nur wer seinen Worten auch Taten folgen lässt, erlangt Macht.

➲ **Aufgabe 2**

Lösungsvorschlag:

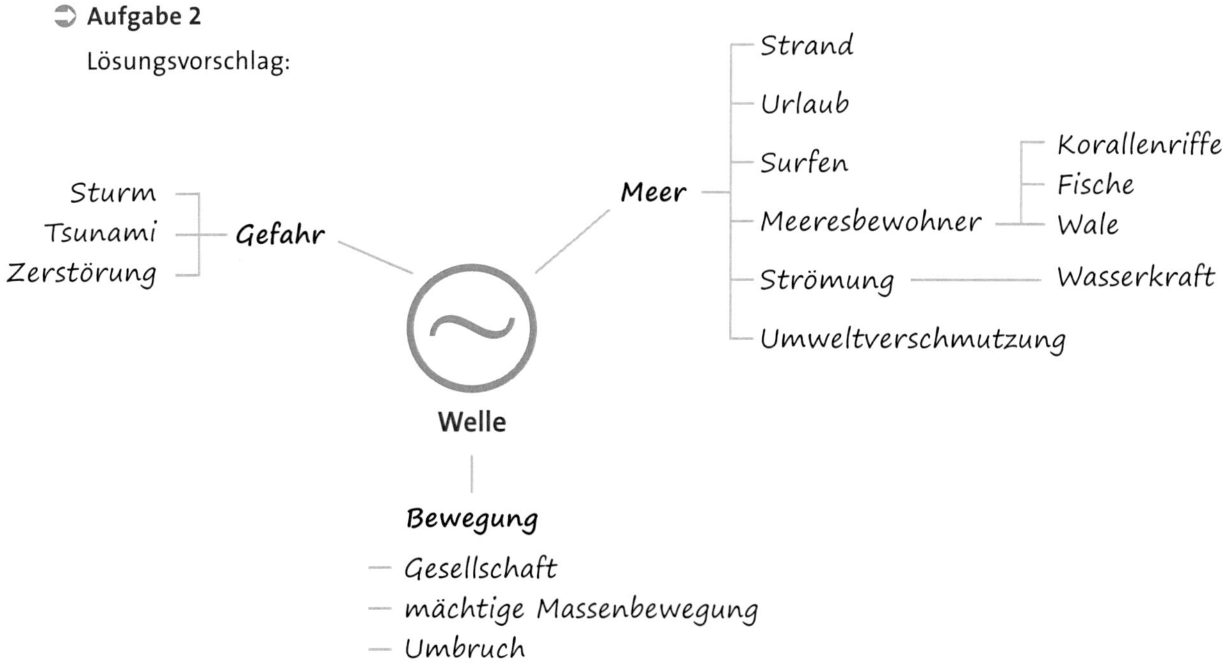

➲ **Aufgabe 3**

Individuelle Lösung

Inhalt und Figuren des Romans

S. 5

Kapitel 1 | Seite 7–15

Meine Überschrift: *Laurie Saunders und Mr Ross' Unterricht*

➲ **Aufgabe 1**

b) *Nachname Saunders (S. 7)*
Schülerin an der Gordon High (S. 7)
hübsch (S. 7)
hellbraunes Haar (S. 7)
lächelt viel (S. 7)
kaut an Kugelschreibern (S. 7)
Chefredakteurin der Schülerzeitung „Ente" (S. 8)
beste Freundin Amy Smith (S. 8)
findet Mr Gabondis Französischunterricht langweilig (S. 8)

Laurie

➲ **Aufgabe 2**

b) Die Schülerinnen und Schüler ...
mögen ihn, weil er seinen Unterricht anschaulich und spannend gestaltet. Er gibt im Unterricht immer alles, um das Interesse der Schüler zu wecken. Seine Begeisterung für die im Unterricht behandelten Themen ist ansteckend.

Die anderen Lehrkräfte ...
sind teilweise von der Begeisterung und Kreativität beeindruckt, die er in seine Unterrichtsstunden steckt. Andere sind mit seinen „neumodischen" Methoden nicht einverstanden, halten ihn für übereifrig und beneiden ihn insgeheim um den guten Draht, den er zu seinen Schülern hat. Manche betrachten seinen Kleidungsstil skeptisch, da er nicht im Anzug mit Krawatte vor der Klasse steht.
(Anmerkung: Das Buch ist von 1981, als Anzugtragen bei Lehrkräften noch höher im Kurs stand als heute.)

d) Ben Ross ist gerne Lehrer. Aber es gibt auch Dinge, die ihn stören. Was genau und warum?
Er ärgert sich darüber, wenn die Schüler unpünktlich zum Unterricht erscheinen oder ihre Hausaufgaben nicht machen. Durch das Zuspätkommen geht Unterrichtszeit verloren und die Schüler vertiefen möglicherweise den Stoff nicht richtig, wenn sie ihre Hausaufgaben vernachlässigen.

➲ **Aufgabe 3**

a) Lösungsvorschläge:

1. *Hi Mr. Ross!*

   Gestern konnte ich leider keine Geschichtshausaufgaben machen, da das Staffelfinale meiner Lieblingssendung war und ich keine Zeit und Lust hatte. Außerdem sollen wir die Vergangenheit ruhen lassen, oder nicht?

   Leo

2. *Sehr geehrter Mr. Ross,*

   aufgrund der Beerdigung meines Großvaters konnte ich die Geschichtshausaufgaben von gestern leider nicht bearbeiten. Natürlich werde ich Ihnen die Hausaufgaben in der nächsten Stunde ohne Aufforderung auf Ihr Pult legen.

   Viele Grüße

   Selina

b) zum Beispiel: *unmotiviert, lustlos, egoistisch*

S. 6

Figurenschaubild

Hinweis: Das Figurenschaubild zeigt alle Informationen, auch solche, die Leser erst später im Roman erfahren.

➲ **Aufgabe 4**

a) *Laurie Saunders, Amy Smith, Mr. Gabondi, Ben Ross, Christy Ross, Brian Ammon, Robert Billings, David Collins, Brad*

Mrs Saunders
- Lauries Mutter
- politisch interessiert
- neugierig
- klug, aufmerksam
- besorgt
- gegen die Welle

Mr Saunders
- Lauries Vater
- Abteilungsleiter in einer Fabrik für Halbleiter
- leidenschaftlicher Golfer
- mischt sich nicht in Lauries Leben ein

David Collins
- Footballspieler
- Lauries Freund
- zuerst überzeugtes Welle-Mitglied, dann im Widerstand

Laurie Saunders
- Freundin von David
- gute Schülerin
- hübsch, hellbraunes Haar
- fröhlich, empathisch (Film)
- kaut an Kugelschreibern
- Chefredakteurin der Schülerzeitung „Ente“
- beste Freundin von Amy
- im Widerstand gegen die Welle

Brian Ammon
- Footballspieler
- Davids bester Freund
- überzeugtes Welle-Mitglied

Robert Billings
- Außenseiter
- schlechter Schüler
- kräftiger Junge, ungepflegt
- überzeugtes Welle-Mitglied

Alex Cooper
- schreibt Musikberichte für die „Ente“
- meist mit Kopfhörern
- als Witzbold bekannt
- stämmig, dunkelhaarig
- im Widerstand gegen die Welle

Mr Gabondi
- Französischlehrer, unbeliebt
- kleiner, stämmiger, dunkelhaariger Mann; schwitzt ständig
- langweiliger Unterricht

Mr Owens
- Direktor der Gordon High
- kritisch gegenüber der Welle
- schon älter; imposante Erscheinung

Amy Smith
- blonde Locken
- raucht
- beste Freundin von Laurie
- überzeugtes Welle-Mitglied

Carl Block
- Reporter der „Ente“
- als Witzbold bekannt
- groß, dünn, hellblond
- im Widerstand gegen die Welle

Christy Ross
- Lehrerin für Musik und Chorgesang
- Bens Frau
- Stimme der Vernunft

Ben Ross
- Geschichtslehrer
- relativ jung und ambitioniert
- handwerklich ungeschickt

Eric
- Footballspieler
- schwarzhaarig
- überzeugtes Welle-Mitglied

Brad
- mobbt Robert
- überzeugtes Welle-Mitglied

S. 8

Kapitel 2 | Seite 17–25

Meine Überschrift: *Der Film*

➲ Aufgabe 2

a) Zeitstrahl (Timeline) und die wichtigsten Ereignisse:

1933 1935 1936 1937 1938 1939 1940 1941 1942 1943 1944 1945

- Machtergreifung durch Adolf Hitler
- ab 1933 Ausgrenzung von Juden, Sinti und Roma
- ab 1933 Errichtung der KZs*
- Nürnberger Gesetze
- Beginn der Euthanasie
- 9. November 1938 Pogrom gegen Juden
- 1. September 1939 Überfall auf Polen: Beginn des 2. Weltkriegs
- Eroberung Frankreichs
- ab Oktober 1941 systematische Deportation deutscher Juden in KZs
- Beschluss: „Endlösung der Judenfrage“ (ca. 5,6 Millionen Todesopfer)
- ab 1942 massive Bombardierungen deutscher Städte
- Niederlage der Wehrmacht bei Stalingrad
- 18. Februar 1943 Goebbels: „Totaler Krieg“
- Juni 1944 Landung der Alliierten in der Normandie
- 30. April 1945 Selbstmord Hitlers
- Ende des 2. Weltkrieges 8. Mai 1945 Kapitulation Deutschlands Kriegsopfer: ca. 50 Millionen

* Zunächst für politische Gefangene, aber schon in den 1930ern auch für Juden, Sinti und Roma, Homosexuelle, Kriminelle, Zeugen Jehovas, engagierte Christen.

b) Vernichtungslager der Nazis:

- *nicht nur Juden*
- *harte Arbeit*
- *Hunger*
- *Folter*
- *Wer nicht mehr arbeiten konnte, wurde in Gaskammern ermordet.*
- *Häftlinge mussten Leichen aufstapeln.*
- *Leichen wurden in Öfen verbrannt.*
- *Lebenserwartung der Häftlinge: 270 Tage*
- *Viele starben schon nach knapp einer Woche.*
- *über 10 Millionen Todesopfer*[1]

Häftlinge des Sonderkommandos in Auschwitz beim Verbrennen von Leichen. Heimlich aufgenommenes Foto des Widerstandes – wahrscheinlich von „Alex“, einem jüdisch-griechischen Häftling des Sonderkommandos. (Quelle: wikimedia.org, Lizenz: CC BY-SA 3.0 at)

1 Tatsächlich ist die genaue Zahl unklar.

Aufgabe 3

a)

Reaktionen von Ross' Schülern	Meine eigenen Gedanken/Gefühle
• *tief betroffen* • *schockiert, verstört* • *traurig (Amy weint)* • *gelangweilt (Robert schläft)* • *in ihrer Heile-Welt-Naivität kommt er ihnen fast unrealistisch vor* • *neugierig, wie das passieren konnte* • *ungläubig, skeptisch* • *„Wahnsinn"*	Individuelle Lösungen, z. B.: • *schockiert* • *traurig* • *keine Worte für diese Grausamkeit* • *unfassbar, dass Menschen zu so etwas fähig sind* • *„Das darf nie wieder passieren!"*

b) S. 20–21:
„»Waren alle Deutschen Nazis?«" (Amy)
„»Warum hat dann keiner versucht, die Nazis an dem zu hindern, was sie taten?«" (Amy)
„»Wie kann man denn Millionen von Menschen abschlachten, ohne dass jemand etwas davon weiß?«" (Eric)
„»Wie konnten sich denn die Deutschen ganz ruhig verhalten, während die Nazis massenweise Menschen abschlachteten, und dann behaupten, sie hätten von alledem nichts gewusst? Wie konnten sie das tun? Und wie konnten sie das auch nur behaupten?«" (Laurie)

c) Individuelle Lösung

d) *Dass das Geschehen, das sich in Deutschland zwischen 1933 und 1945 abspielte, niemals in Amerika und in der heutigen Zeit passieren würde, da man doch aus den Fehlern gelernt habe. Sie behaupten von sich, dass sie so etwas nie zulassen würden.*

e) *Robert schläft als einziger während des Films und zeigt überhaupt kein Interesse. (Das Schlafen könnte auf Desinteresse hindeuten. Es könnte aber auch demonstrativ sein, um vor den anderen keine Schwäche zu zeigen.) Auch als Ben Ross ihn anspricht, sagt er, dass ihm alles egal sei, da es ja ohnehin nichts nütze. Er steht im Schatten seines erfolgreichen Bruders Jeff, an den er nicht heranreichen kann. Das hat ihn dermaßen demotiviert, dass er es nicht einmal versucht.*

Schreibaufgabe 1

Tagebucheintrag von Amy:

Liebes Tagebuch,

heute hat Mr Ross uns in Geschichte einen Film über die Konzentrationslager in Nazideutschland gezeigt und ich bin immer noch ganz fertig deswegen ... sogar Tränen in den Augen hatte ich. So etwas habe ich noch in keinem Film gesehen ... Laurie war auch ganz mitgenommen. Wenn ich die Augen zumache, sehe ich immer noch diese abgemagerten Menschen, die Leichen wie Brennholz vor den Öfen aufstapeln mussten.
Ich verstehe das einfach nicht! Wie konnten die Leute das zulassen? Wenn die Nazis so wenige waren, warum hat die Mehrheit sie nicht aufgehalten? Laurie hat ganz recht, die müssen das doch mitbekommen haben! Bestimmt haben sie das hinterher bloß geleugnet, um sich selbst zu schützen. Ich hätte da nicht wegsehen können. Wie konnten die Nazis so grausam sein, das hat Laurie gefragt. Und ich frage es mich auch. Mr Ross hat zwar versucht, es zu erklären, aber ich glaube, eigentlich wusste er es selbst nicht ... Ich begreife nicht, wie Menschen anderen Menschen so etwas antun können.
Es war so schrecklich! Bestimmt kann ich heute nicht schlafen. (174 Wörter)

S. 10

Kapitel 3 | Seite 27–35

Meine Überschrift: *Gespräche über den Film*

Aufgabe 2

b) *Die Mannschaft ist undiszipliniert und viele Spieler schwänzen das Training. Daher ist das Team nicht besonders erfolgreich und Trainer Schiller unzufrieden. (vgl. S. 30–31)*

Aufgabe 3

a)

Ansichten von Laurie (und Amy)	Ansichten von David (und Brian)
denken viel an die Grausamkeiten, die die Nazis anderen Menschen damals angetan haben	*nehmen es auf die „leichte Schulter“*
Man darf die Ereignisse von damals nicht vergessen.	*Geschichte ist Geschichte und die kann man nicht mehr ändern.*

b) Individuelle Lösung, mögliche Antwort:
Ich bin da eher Laurie und Amys Meinung: Man darf so ein schreckliches Ereignis nicht vergessen. Natürlich kann man die Geschichte nicht mehr verändern, aber man kann aus den Fehlern lernen und so vermeiden, sie zu wiederholen.

Aufgabe 4

Die Freundschaft der beiden ist ein ewiger Wettbewerb. Amy richtet sich nach Laurie, sie kommt zu ihr an den Tisch, pflichtet ihr bei und folgt ihr ins Redaktionsbüro. Sie will Laurie beeindrucken und ist neidisch auf ihren schulischen Erfolg und ihre Beziehung zu einem Footballspieler. Laurie empfindet den Wettbewerb als störend, da er wirkliche Nähe zwischen ihnen verhindert.

Individuelle Lösung, mögliche Antwort:
In diesem Alter ist etwas Wettstreit normal, er sollte aber nicht über der Freundschaft stehen.
In der Freundschaft mit meinem besten Freund spielt das keine Rolle. Natürlich würde keiner vor dem anderen dumm dastehen wollen, aber wir unterstützen einander und gönnen dem anderen seine Erfolge.

Mini-Schreibaufgabe

Liebes Team,

wir alle haben uns der Aufgabe verpflichtet, die Schülerzeitung gemeinsam zu füllen und zu gestalten.
Als Chefredakteurin empfinde ich es zunehmend als anstrengend, dass ihr euren Pflichten nicht nachkommt und sie zugunsten anderer Aktivitäten vernachlässigt.
Die nächste Redaktionssitzung findet am Dienstag um 13 Uhr statt. Ich erwarte nicht nur vollzähliges Erscheinen, sondern auch die Fertigstellung der verteilten Aufgaben und mindestens zwei neue Artikelideen von jedem von euch.

Laurie (70 Wörter)

Kapitel 4 | Seite 37–41

S. 11

Meine Überschrift: *Das Experiment*

Aufgabe 2

a) *Ihn bedrückt, dass er den Schülern keine zufriedenstellenden Antworten geben konnte, weil er selbst keine hat. Da er den Dingen immer gerne auf den Grund geht, reicht ihm das so einfach nicht.*

„Warum hatte er den Mädchen und Jungen keine präzisen Antworten auf ihre Fragen geben können? War das Verhalten der Mehrheit während der Naziherrschaft wirklich so unerklärlich? [...] Er fragte sich, ob es sich hier um etwas handelte, was die Historiker zwar wussten, aber nicht mit Worten erklären konnten. Konnte man es überhaupt nur an Ort und Stelle richtig verstehen? Oder vielleicht dadurch, dass man eine ähnliche Situation schuf?“ (S. 37)

b) *Ben Ross' zentrale Idee:* „Vielleicht sollte er eine Stunde oder zwei auf ein Experiment verwenden und den Schülern ein Gefühl dafür geben, was es bedeutet haben mochte, in Nazi-Deutschland zu leben?“ (S. 38).

Mini-Schreibaufgabe

Ziele:

- *treffende Situation erfinden: Struktur der Hitlerjugend einfließen lassen*
- *Schüler sollten zunächst keinen Verdacht schöpfen*
- *Schülern die damalige Situation näherbringen*
- *Schüler beeindrucken*
- *alle Schüler aufrütteln, wachsam machen*
- *Verständnis gewinnen (auch selbst): Antwort durch eigene Erfahrung erhalten*

Kapitel 5 | Seite 43–55

S. 12

Meine Überschrift: *Macht durch Disziplin*

Aufgabe 2

a) *Macht durch Disziplin*

b)

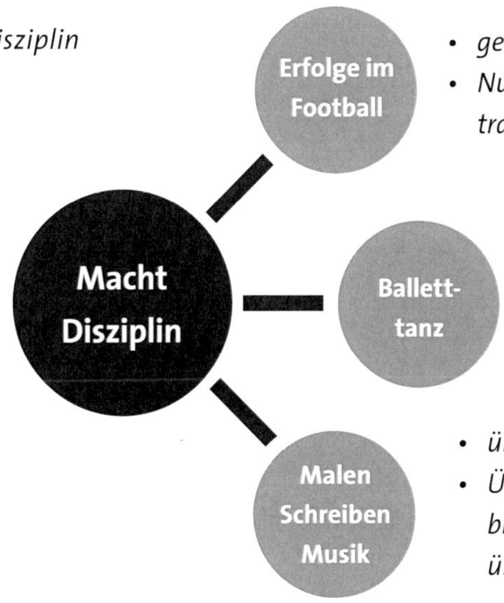

- *gemeinsames Training*
- *Nur wer im Team diszipliniert trainiert, kann gewinnen.*

- *Training*
- *Ohne hartes Training schafft man es nicht. Manchmal muss man dafür auch auf Spaß verzichten.*

- *üben*
- *Übung macht den Meister. Man braucht Disziplin, um regelmäßig zu üben und besser zu werden.*

Aufgabe 3

a) *Um hart arbeiten zu können, benötigt man Kontrolle und Konzentration. Umso mehr man sich konzentriert, desto besser und härter kann man arbeiten. Hat man die Kontrolle über seine Arbeit, so kann man die Zukunft planen und Misserfolge eher verhindern. Man weiß, welchen Schritt man als nächsten machen muss, um seinem Ziel näherzukommen.*

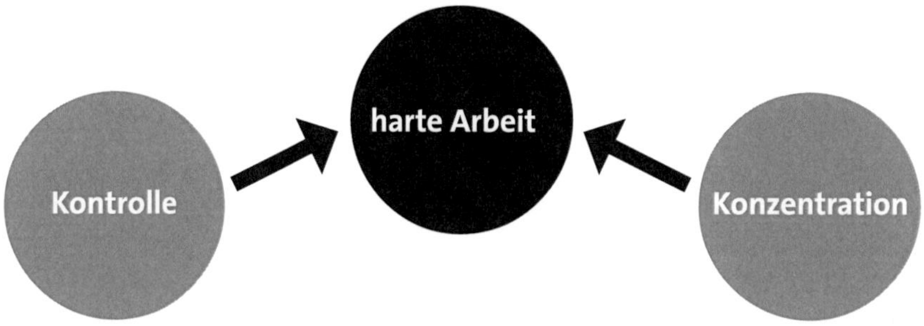

b) **Grundregeln:**
- *Haltung annehmen*
- *Befehle ausführen*
- *Konzentration*
- *Ruhe*

Neue Regeln:
- *Block und Kugelschreiber für Notizen bereithalten*
- *aufstehen und neben dem Stuhl stehen, wenn Fragen gestellt oder beantwortet werden*
- *Fragen oder Antworten mit „Mister Ross" beginnen*

c)

Vorteile der Disziplinregeln	Nachteile der Disziplinregeln
Er bekommt den Stoff schneller durch.	*Die Schüler lernen nur noch alles auswendig.*
Die Schüler sind aufmerksamer.	*Es zählen nur noch Fakten.*
Sie sind diszipliniert.	*Die Gefühle und Gedanken der Schüler zählen nicht mehr.*
	Dadurch verlieren sie ihre eigene Meinung.
	Wer sich nicht an die neuen Regeln hält, wird bloßgestellt.

In meinen Augen überwiegen die Nachteile die Vorteile eindeutig. Einerseits wird zwar die Unterrichtsstrukturierung erleichtert und das Tempo erhöht, andererseits bedeutet das aber auch für die Lehrkraft mehr Stress. Und die Schüler verlernen, sich eine eigene Meinung, eine Persönlichkeit zu bilden, wenn sie nur Anweisungen gehorchen und in Rastern denken. Jeder sollte selbst Entscheidungen treffen und Befehle auch mal hinterfragen, das kommt bei dieser Art des Unterrichts viel zu kurz.

Aufgabe 4

a) *Sie lernen, auswendig gelernte Antworten zu rezitieren, ohne sich bewusst zu machen, was dieses Schicksal für die Menschen bedeutet hat. Politische Gegner und Intellektuelle werden nicht erwähnt, nähere Hintergründe nicht erläutert.*

b) *Im Dritten Reich wurden* ***Homosexuelle, Zigeuner*** *(korrekter Begriff: Sinti und Roma),* ***Geisteskranke*** *und* ***Behinderte*** *verfolgt. Ähnlich wie die Juden sollten sie sich nicht weiter vermehren können, sondern aus der Gesellschaft verschwinden, der sie angeblich schadeten.*
Schätzungen zufolge wurden knapp eine halbe Million Sinti und Roma Opfer der Nationalsozialisten. Sie wurden unter anderem ins „Zigeunerlager" Auschwitz gebracht, wo Experimente und Zwangsterilisationen an ihnen durchgeführt wurden. Die wenigen, die bis zur Evakuierung des Lagers überlebten, wurden in andere Lager oder in die Gaskammer geschickt.[1]

1 vgl. https://www.br.de/themen/bayern/inhalt/geschichte/sinti-roma-verfolgung-vernichtung100.html (09.06.2021).

__Geisteskranke und Behinderte__ wurden im Zuge der Euthanasie-Programme von ihren Familien getrennt und in sogenannten Heilanstalten zwangssterilisiert, im Namen der Forschung gequält und ermordet.
Die __Herrenrasse__ waren im Dritten Reich die „Arier“: weiße Deutsche, die laut der Ideologie der Nationalsozialisten den anderen „Rassen“ überlegen waren und diese beherrschen sollten. Das Leben „minderwertiger Rassen“ galt den Nationalsozialisten nichts, sie wurden kaum als Menschen wahrgenommen und sollten beseitigt werden, um Platz zu machen für die Angehörigen der Herrenrasse. Dieses Denken sollte insbesondere von Soldaten und KZ-Personal verinnerlicht werden, damit diese weniger Hemmungen hatten, die Tötungsbefehle auszuführen.
Die __SS (Schutzstaffel)__ war eine nationalsozialistische Organisation, die schon zur Zeit der Weimarer Republik entstand. Ihr unterlag der Betrieb der Konzentrationslager, aber auch an der Front waren die Mitglieder der SS maßgeblich an der Durchführung des Holocausts und anderer Kriegsverbrechen beteiligt.

Aufgabe 5

a) **Reaktionen** (S. 51–53):

Brian: „»Mann, das war toll!«“
Eric: „»So etwas habe ich in meinem ganzen Leben noch nicht gefühlt« […].“
Amy: „»Jedenfalls ist es besser als immer nur das langweilige Mitschreiben« […].“
David: „»Es war wirklich anders als sonst. […]. Es war so, als hätten wir alle gemeinsam etwas getan. Wir waren nicht einfach eine Klasse; wir waren eine Einheit. Erinnert ihr euch, was Mister Ross über Macht gesagt hat? Ich glaube, er hat Recht. Habt ihr das nicht auch gefühlt?«“
Brad: „»Ach du nimmst das viel zu ernst […]. Ross hat Fragen gestellt, wir haben geantwortet. Es war wie immer im Unterricht, nur dass wir gerade gesessen sind und bei den Antworten neben unseren Stühlen gestanden haben. Ich glaube, ihr macht da viel Lärm um nichts.«“

Robert sagt nichts, weil er nicht zur Gruppe gehört, aber er ordnet seine Kleidung beziehungsweise seine Frisur und übt vor dem Spiegel die korrekte Haltung ein.

Empfindungen:

- *seltsame Energie*
- *fremdes/neues Gefühl*
- *tolles Gefühl*
- *starkes Gemeinschaftsgefühl*
- *Gefühl, als wären sie eine Einheit*

b) *David sieht meiner Meinung nach zu viel Potenzial in dem Ganzen, im Sport reicht Disziplin allein nicht aus, es kommt auch auf das Können an.*

Aufgabe 6

a) *Ben*

- *war überzeugt, die Schüler würden sich weigern.*
- *war überrascht von ihrer Bereitwilligkeit, als hätten sie sich danach gesehnt.*
- *stellte fest, dass die Schüler mehr wollten, immer eine neue Regel.*
- *registrierte, dass sie sogar nach dem Läuten auf ihren Plätzen blieben, ein ganz und gar untypisches Verhalten für die Klasse.*

Insbesondere der letzte Punkt lässt ihn zu der Erkenntnis kommen, dass sein Experiment bisher erfolgreich war.

b) *Zuerst hält Christy das Ganze für ein Spiel und nimmt es nicht ernst. Aber die Ausführungen ihres Mannes lassen sie erkennen, dass die Schüler „angebissen“ haben. Obwohl sie den Satz lächelnd sagt, scheint sie die Verhaltensänderung zu beunruhigen. Ihre Frage, ob er meine, dass er die Sache fortsetzen solle, ist eine versteckte Aufforderung, es nicht zu tun. Sie scheint zu spüren, dass das Experiment außer Kontrolle geraten könnte, weil die Schüler zu sehr darauf anspringen.*

S. 14

Kapitel 6 | Seite 57–65

Meine Überschrift: *Macht durch Gemeinschaft*

Aufgabe 2

Die Schüler sitzen freiwillig auf ihren Plätzen, niemand ist zu spät, niemand redet.
Meine Erklärung dafür ist, dass sie einerseits Ben Ross beeindrucken wollen und sich andererseits dem Gruppendruck fügen, weil niemand negativ hervorstechen möchte.

Aufgabe 3

a)

Gemeinschaft

Teamgeist
→ gegenseitig ergänzen
→ Unterstützung
→ keine Alleingänge

Freundeskreis
→ Zusammenhalt
→ Vertrauen
→ Toleranz

gemeinsames Ziel
→ gegenseitiges Anspornen
→ Ziel schneller erreichen

Gruppenzwang
→ Mobbing
→ Außenseiter
→ keine Individualität

Teil eines Ganzen
→ Zusammengehörigkeitsgefühl
→ Geborgenheit
→ nicht allein sein

extreme Gruppen
→ Sekten
→ religiöse Extremisten
→ rechtsradikale Vereine

b) Grundsatz 2 des Experiments lautet fortan: *Macht durch Gemeinschaft.*

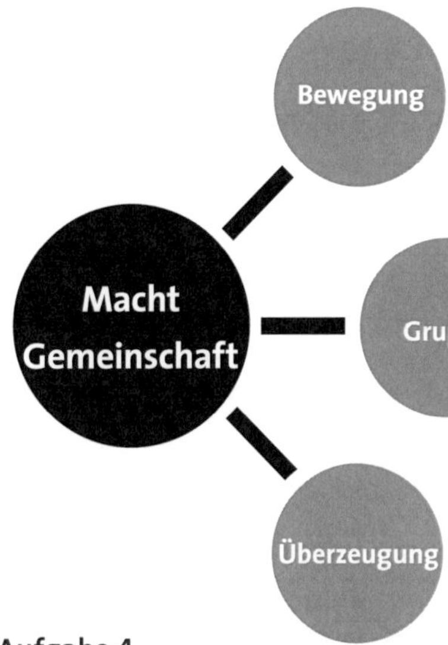

Bewegung
- *Demonstration*
- *Eine Gruppe von Menschen geht gegen/für etwas auf die Straße. Je mehr es sind, desto eher werden sie gehört.*

Gruppe
- *Freundeskreis*
- *Der Zusammenhalt in einer Gruppe stärkt ihre Mitglieder und unterstützt sie auch emotional.*

Überzeugung
- *politische Aktivisten*
- *Ein Einzelner kann sich kaum Gehör geschaffen, wenn er seine Überzeung vertritt.*

Aufgabe 4

Laurie
Laurie ist verunsichert, weil sie nicht daran gewöhnt ist, so zu gehorchen. Vielleicht findet sie das ganze Spiel auch peinlich.

Brad
Schon in Kapitel 5 hat er sich über die anderen lustig gemacht, die das Ganze zu ernst nehmen. Außerdem ist er bisher eher nicht durch Gehorsam aufgefallen und will vielleicht weiter „cool" wirken, indem er nicht mitmacht.

Aufgabe 5

positive Auswirkungen	negative Auswirkungen
Veränderung	*Machtmissbrauch*
Motivation vieler	*falsche Ziele*
Gemeinschaftsgefühl	*Gruppenzwang*
schneller Erfolg	*Verlust der Individualität*
	Unselbstständigkeit
	militärisch

Aufgabe 6

Der Welle-Gruß erinnert (nicht von ungefähr) stark an den Hitlergruß im Dritten Reich. Damals wie heute sollte durch den Gruß das Gemeinschaftsgefühl gestärkt, die Dazugehörigkeit zur Gruppe betont werden. ***Positiv*** *kann man die* ***Konzentration der Schüler*** *bei dieser Übung betrachten,* ***aber insgesamt*** *ist es durchaus* ***bedenklich*** *zu sehen.*

Mini-Schreibaufgabe

Grundsätze unseres Footballteams

1. Ein pünktliches Erscheinen wird vorausgesetzt.
2. Es herrscht Anwesenheitspflicht beim Training und den Spielen.
3. Körperliche Auseinandersetzungen sind außerhalb des Spiels verboten.
4. Motivation wird erwartet.
5. Ein faires Spiel ist Pflicht.
6. Keine Alleingänge – nur zusammen sind wir stark!

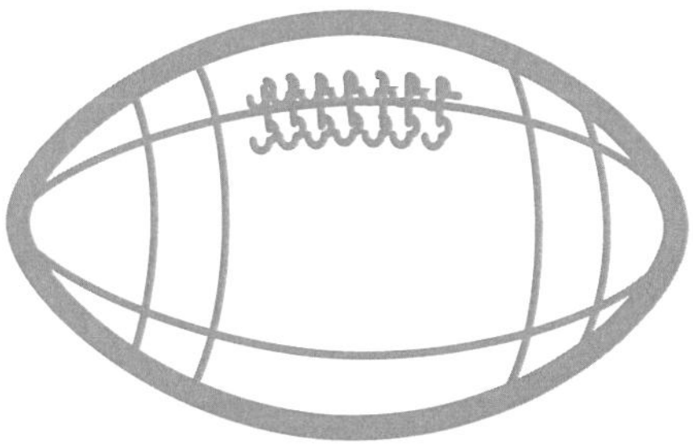

Unser Motto:

Einigkeit und Disziplin!

S. 16

Kapitel 7 | Seite 67–73

Meine Überschrift: *Kritische Stimmen*

Aufgabe 2

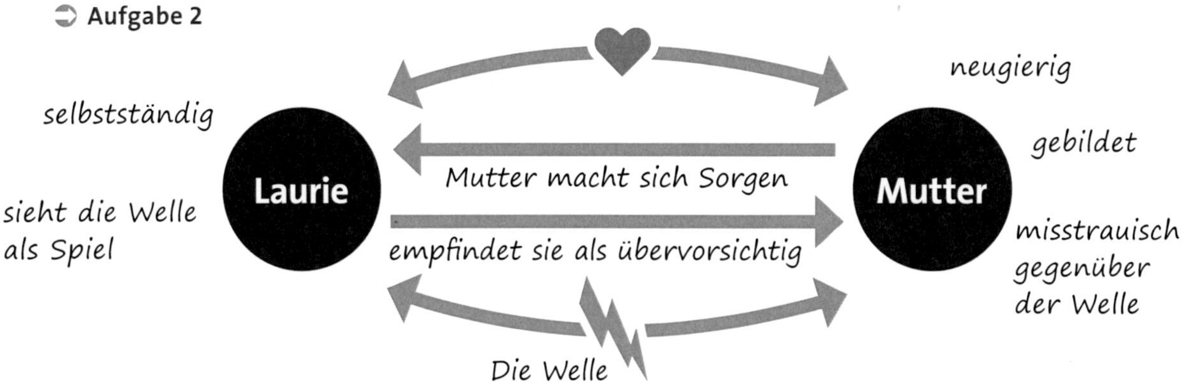

Aufgabe 3

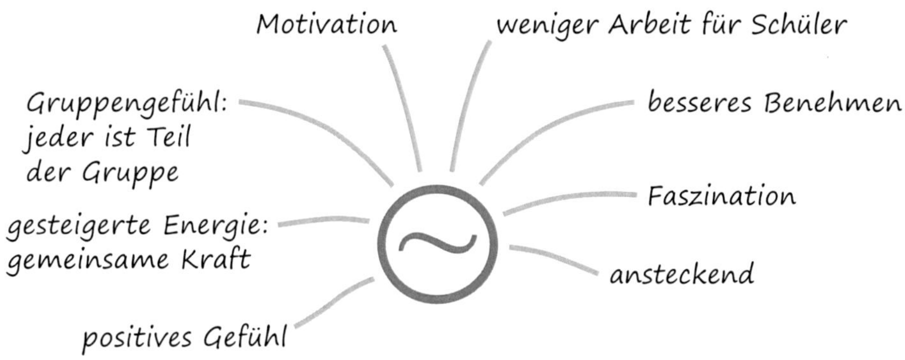

Aufgabe 4

Laurie	Mr Saunders	Mrs Saunders
positive, gesteigerte Energie *keine Außenseiter* *mehr Motivation*	*Vertrauen in Laurie und Ben Ross* *Mutter reagiert über* *Gemeinschaftsgeist ist gut*	*Selbstständigkeit ist wichtig* *eigene Art zu arbeiten ist besser* *Geschichte lernen statt Disziplin* *zu militärisch* *gefährlich*

Aufgabe 5

1. *Hinter dieser spaßigen Anspielung Christys steckt eine gewisse Besorgnis.*
2. *Ben ist verwundert über die Reaktion seiner Schüler, scheint aber Gefallen daran zu haben.*
3. *Christy nimmt das auch wahr und stört sich daran, dass Ben es zu genießen beginnt.*
4. *Sie kennt ihn gut und macht sich Sorgen, dass ihm alles entgleiten könnte.*

Kapitel 8 | Seite 75–85

S. 17

Meine Überschrift: *Macht durch Handeln*

Aufgabe 2

- *großes Poster mit dem Symbol der Welle*
- *Ben trägt feinere Kleidung (Anzug, Krawatte).*
- *Mitgliedskarten der Welle*

Aufgabe 3

a) *Macht durch Handeln*
b) *Das rote X stellt die Empfänger dieser „Ehre" höher als die anderen. Dadurch geht die Gleichheit verloren und der Grundgedanke gilt nicht mehr.*

Aufgabe 4

a)

1. *Disziplin und Gemeinschaft sind sinnlos, wenn sie nicht zum Handeln führen.*
2. *Die Disziplin gibt uns das Recht zum Handeln.*
3. *Eine disziplinierte Gruppe mit einem gemeinsamen Ziel handelt, um dieses zu erreichen.*
4. *Sie muss es sogar tun, wenn sie das Ziel erreichen will.*
5. *Dann müsst ihr auch handeln! Ihr dürft niemals zögern, etwas für eure Überzeugung zu tun.*
6. *Die Mitglieder der Welle müssen zusammenarbeiten wie die Teile einer gut funktionierenden Maschine.*
7. *Aber nur, wenn ihr einander unterstützt, wenn ihr zusammenarbeitet und unsere Regeln einhaltet, könnt ihr den Erfolg der Welle sichern.*

b) *Gemeinschaft bedeutet Gleichheit innerhalb der Gruppe.*

c) *Die drei Grundsätze der Welle und ihr Gruß sind Voraussetzungen für neue Mitglieder.*
Die Welle ist auf neue Mitglieder angewiesen, um zu wachsen und so mehr Macht zu bekommen.

d) *Außenseiter wie Robert fühlen sich als Teil der Gruppe. Opfer des Beliebtheitswettbewerbs leiden nicht mehr darunter. Insgesamt ist es ein großartiges Gefühl.*

e) *Beides erinnert an Hitlerdeutschland.*

S. 18

Kapitel 9 | Seite 87–97

Meine Überschrift: *Die „größte" Geschichte an der Schule*

Aufgabe 2

positive Veränderungen	eher bedenkliche Veränderungen
• *Schüler bleiben im Stoff nicht zurück* • *bewältigen Stoff schneller* • *mehr Beteiligung am Unterricht* • *Hausaufgaben werden gemacht* • *häusliche Vorbereitung verbessert sich* • *Teilnehmerzahl im Unterricht steigt*	• *Bewegung wächst auch außerhalb der Klasse* • *Schüler geben auswendig gelernte Antworten wieder, aber denken nicht mehr darüber nach* • *Hausaufgaben werden knapper formuliert, Schüler analysieren nicht mehr* • *manche schwänzen andere Stunden für die Welle*

Aufgabe 3

- *Gut bewältigen lassen sich Aufgaben, bei denen es eine richtige Antwort gibt, die gelernt werden kann. Ein Beispiel wären Multiple-Choice-Aufgaben.*
- *Kaum bzw. gar nicht bewältigen lassen sich Aufgaben, bei denen Stellung bezogen werden soll. Ein Beispiel wäre eine Erörterung, bei der die Position nicht vorgegeben ist.*

Aufgabe 4

Sie ist einfach etwas Neues. → Neugier
Alle fühlen sich gleich. → kein Wettbewerb
Schüler hatten Bedürfnis nach Disziplin.

Aufgabe 5

Entweder sie will der Bewegung nicht noch mehr Aufmerksamkeit zukommen lassen (und damit mehr Mitglieder anlocken), weil sie schon befürchtet, dass es eskalieren könnte; oder sie fürchtet sich vor persönlichen Problemen mit ihrer Geschichtsklasse.

Aufgabe 6

Indoktrination bedeutet, andere zu manipulieren und sie so zu unterdrücken, damit sie keine Fragen mehr stellen. Mrs Saunders befürchtet, dass genau das gerade an der Gordon High passiert und die Schüler kontrolliert werden.

Mini-Schreibaufgabe

Liebes Tagebuch,

Mom macht sich mal wieder grundlos Sorgen um mich. Die Welle ist doch nur ein Spiel, ich nehme das nicht so ernst und die anderen werden es schon bald wieder vergessen haben. Aber vielleicht hilft es zumindest dem Footballteam, die könnten echt mal einen Sieg vertragen ... Die Welle bringt schon mehr Motivation mit sich ... und das ist ja nichts Schlechtes. Und Robert wird nicht mehr ausgeschlossen. Nur, was Amy daran findet, verstehe ich nicht. Dass Robert sich so verändert hat, ist mir auch aufgefallen, aber so wie Mom habe ich es noch gar nicht gesehen ... Ich wollte es vor ihr nicht zugeben, aber ein unheimliches Gefühl habe ich schon, wenn ich daran denke. Warum, kann ich mir selbst nicht richtig erklären, es ist alles so ungewohnt ...

(128 Wörter)

Lehrerheft – Die Welle | Krapp & Gutknecht Verlag (2022)

Kapitel 10 | Seite 99–104

S. 19

Meine Überschrift: *Mr Ross beim Direktor*

Aufgabe 2

„In gewisser Hinsicht würde es eine Erleichterung bedeuten [...].“ (S. 99)
Ben Ross ist vom sich ausbreitenden Erfolg der Welle überrascht und eventuell besorgt, dass er es nicht zu einem guten Ende bringen kann. Insgeheim befürchtet er schon, die Kontrolle verlieren zu können.

„Ross lächelte über sich selbst. Man soll sich nicht zu sehr mitreißen lassen, dachte er [...].“ (S. 100)
Er hat gemerkt, dass er sich einen Moment lang selbst als Führer gesehen hat. Die Gefahr, sich in dem Experiment zu verlieren, ist real – auch wenn er darüber lächelt. Er ist selbst Teil der Bewegung geworden, statt nüchtern darüber zu stehen.

„»Ich erinnere mich gar nicht, an Ihnen vorher schon einmal einen Anzug gesehen zu haben. [...]«“ (S. 101)
Direktor Owens bemerkt die Veränderung. An sich findet er die Kleiderwahl bestimmt nicht schlecht, aber sie irritiert ihn auch. Das Experiment wirkt sich auch auf Ben aus. Durch den Anzug demonstriert er den Schülern seine neue Autorität. Auch die Nationalsozialisten legten großen Wert auf die Wirkung von Uniformen.

„»Aber das ist nicht meine Sorge, Ben. [...]«“ (S. 103)
Direktor Owens befürchtet, dass das Experiment negative Auswirkungen auf die Schüler haben könnte und mahnt Ben zur Vorsicht. Ben kann nicht vorhersehen, wie sich alles entwickeln wird.

Aufgabe 3

Führer befiehl, wir folgen dir!

Vorteile?	Gefahren?
• *keine Unsicherheit, weil alles vorgegeben wird* • *Effizienz* • *schnelle Umsetzung von Ideen/Befehlen*	• *Verlust der eigenen Meinung* • *Menschen werden zu Maschinen, die nur Befehle befolgen* • *Machtmissbrauch möglich*

Schreibaufgabe 2

Verehrte Kolleginnen und Kollegen,

entschuldigen Sie, dass ich Ihre wohlverdiente Pause stören muss. Sicher haben Sie inzwischen alle von der Bewegung gehört, die sich „Die Welle“ nennt. Mr Ross hat das Experiment mit seiner Klasse im Geschichtsunterricht gestartet und es hat innerhalb kürzester Zeit weite Kreise zu ziehen begonnen.
Offen gesagt bin ich skeptisch. Die Schüler sind junge, beeindruckbare Menschen und ich befürchte, einige von ihnen könnten sich zu sehr in das Ganze hineinsteigern. Sie wissen ja nicht, dass sie die Versuchskaninchen eines Experiments sind – und das gefällt mir nicht.
Ich sehe es als unsere Pflicht als Pädagogen, die Schüler vor Schaden zu bewahren. Bisher ist nichts vorgefallen, deswegen möchte ich noch nicht einschreiten und den Lerneffekt gefährden. Sie alle kennen Mr Ross und wissen um seine unorthodoxen Methoden. Ich habe Vertrauen in Sie, Ben, aber ich möchte an Sie alle appellieren: Halten Sie Augen und Ohren offen. Das gilt vor allem für Sie, Ben.

Ich wünsche Ihnen noch einen guten Tag! (160 Wörter)

S. 20

Kapitel 11 | Seite 107–113

Meine Überschrift: *Die Welle, eine Bedrohung?*

Aufgabe 2

Parallelen sind die Ausrichtung der Massen hin zu ihrem Führer und ihre militärische Haltung. Die Soldaten warten scheinbar begierig darauf, was ihnen gesagt werden wird. Ähnlich verhalten sich die Mitglieder der Welle, die Ben Ross als ihren Führer betrachten.

Aufgabe 3

- *Der Schreiber möchte anonym bleiben.*
- *Er ist gegen die Welle und weigerte sich, Mitglied zu werden.*
- *Ein Mitglied setzte ihn unter Druck.*
- *Seine Freunde hielten dem Druck teils nicht stand, er schon.*

→ *Die Welle zeigt ihr wahres Gesicht: Wer nicht mitmachen will, wird ausgestoßen und eingeschüchtert. Ein Zwang herrscht.*

Aufgabe 4

Wer nicht freiwillig Mitglied werden will, wird ausgeschlossen und später Nachteile davontragen, wenn eine Mitgliedschaft nicht mehr möglich ist. Wie gravierend diese Nachteile sein werden, ist noch nicht zu erkennen, aber es schwingt eine klare Drohung mit.

Aufgabe 5

Lehrer/Pädagoge Ben Ross

- *lässig gekleidet*
- *bemüht, besorgt um schlechtere Schüler*
- *kreativer Unterricht, Fokus auf freies Denken*
- *versucht, Schüler zur Mitarbeit zu animieren*

Führer Ben Ross

- *trägt Anzug*
- *will Schüler zur Erkenntnis führen*
- *tritt autoritär auf*
- *hat mit Robert einen Leibwächter*
- *Schüler erwarten Befehle von ihm*
- *wenn er keine Befehle gibt, überlegen sie sich selbst welche in seinem Namen*

Kapitel 12 | Seite 115–125

S. 21

Meine Überschrift: *Die Versammlung*

Aufgabe 2

a) *Die neuen Mitglieder sollen auf die Welle eingeschworen und von ihrer Ideologie überzeugt werden.*

b)
- *Welle will Mitgliedschaften erzwingen*
- *beunruhigt, weil der Schreiber Angst hatte*
- *Welle nur gut, solange man Teil von ihr ist und keine Fragen stellt*
- *die anderen nehmen es zu ernst*
- *andere sollen sich selbst eine Meinung bilden*

→ *Sie will nicht Teil des Systems sein.*

Aufgabe 3

Lauries Argumente	Davids Argumente
Jeder soll sich als Individuum seine eigene Meinung bilden können.	*Die Welle stärkt das Team.*
Die Welle bekommt zu viel Macht über alles.	*Als „Führertyp" muss Laurie mithelfen.*
David idealisiert das Ganze.	*Alle sind gleich.*
Jeder sollte das Recht haben, frei über eine Mitgliedschaft zu entscheiden.	*Laurie ist nur dagegen, weil sie jetzt nicht mehr besser als andere ist.*

Schreibaufgabe 3:

Liebes Tagebuch,

ist jetzt alles aus? Nur wegen der Welle?
Das will ich nicht, ich habe David doch gern!
Es tut mir leid, dass ich ihn dumm genannt habe, denn das ist er nicht. Aber er benimmt sich so und ich kann es nicht verstehen. Er stellt die Welle über unsere Beziehung!
Und er versetzt mich einfach!
So wenig bedeutet ihm also unsere gemeinsame Zeit ...
Und er denkt von mir, dass ich mich für etwas Besonderes halte. Aber er liegt falsch, wenn er meint, dass es das ist, was mich stört. Es macht mich traurig, dass er so mit mir umgeht. Das kenne ich gar nicht von ihm. Vielleicht passen wir doch nicht so gut zusammen, wie ich dachte ... Aber er benimmt sich nicht mehr wie der David, den ich kenne, sondern wie ein anderer Mensch. Sein blödes Footballteam ... er tut das doch hauptsächlich für den Sieg in dem Spiel! Dafür wirft er alles weg. Idiot!

(157 Wörter)

S. 22

Kapitel 13 | Seite 127–131

Meine Überschrift: *Die Schattenseiten der Welle*

➲ Aufgabe 2

Ein jüdischer Junge wurde von älteren Mitschülern verprügelt, die ihn als „dreckigen Juden" beschimpften. Es ist nicht ganz klar, ob der Vorfall von der Welle ausging oder diese nur als Vorwand genutzt wurde.

➲ Aufgabe 3

Laurie wird der Weg versperrt, weil sie nicht grüßt. Sie wird von Brad unterschwellig eingeschüchtert.
Einige Mitglieder der Schülerzeitungsredaktion kommen nicht zur Sitzung aus Angst vor Repressalien.
Mulmige Gefühle bei den verbliebenen Mitgliedern der Schülerzeitung.

➲ Aufgabe 4

Geplante Themen für die Sonderausgabe der „Ente":

- *Gehirnwäsche*
- *anonymer Brief: Schüler werden bedroht, wenn sie nicht mitmachen wollen*
- *Angriff auf einen jüdischen Mitschüler*

➲ Schreibaufgabe 4

Kurzer Lösungsvorschlag, die Artikel können durchaus länger werden.
Die Welle – ein Tsunami

Kaum jemand kommt in diesen Tagen daran vorbei: Die Welle hat sich an unserer Schule ausgebreitet und die Mitgliedszahlen steigen stetig. Doch wer hinterfragt ihr Vorgehen und macht sich bewusst, welche Auswirkungen sie hat?

Viele setzen große Hoffnungen in die Welle und schätzen das Gefühl von Gemeinschaft, das sie mit sich bringt. Dieses Gefühl ist trügerisch. Die Welle ist eine gefährliche Organisation, die alles daran setzt, die Werte, auf denen unser Land aufgebaut ist, zu zerstören. Sie ist die Feindin der Meinungsfreiheit und des kritischen Denkens. Und wer ernsthaft gehofft hatte, die Welle würde der Footballmannschaft helfen, dem hat hoffentlich spätestens die katastrophale Niederlage gegen Clarkstown die Augen geöffnet.
Damit nicht genug: Der Redaktion liegt ein anonymer Brief vor (s. S. 2), der schlichtweg erschreckend ist. Schüler werden bedroht, wenn sie sich der Welle nicht anschließen wollen. Der Schreiber ist so beunruhigt, dass er nicht einmal seinen Namen nennen wollte, aus Angst, ihm könnte Schaden zugefügt werden, weil er die Wahrheit über die Praktiken der Welle gesagt hat.
Der feige Angriff auf einen unserer Mitschüler macht mehr als deutlich, was von der Welle und ihren Anhängern zu halten ist. Beschimpfungen wie „dreckiger Jude" haben keinen Platz an unserer Schule und sollten ihn auch in euren Köpfen nicht haben. Das wird nicht der einzige Vorfall bleiben, wenn die Welle unsere Schule weiter überschwemmt.

Es ist an der Zeit, eine Seite zu wählen. Ich appelliere insbesondere an die Gründungsmitglieder der Welle: Ihr habt den Film über den Nationalsozialismus gesehen, wollt ihr wirklich zulassen, dass sich eine solche Organisation in unserer Mitte ausbreitet? Ich sage: Nein!
Wir müssen uns der Welle entgegenstellen, bevor uns allen das Wasser bis zum Hals steht.

Laurie Saunders, Chefredakteurin

(283 Wörter)

Kapitel 14 | Seite 133–140

S. 23

Meine Überschrift: *Laurie im Abseits*

Schreibaufgabe 5

Amy sitzt an einem Tisch in der Bibliothek und liest in einem Buch. Laurie betritt den Raum und setzt sich neben sie.
Laurie (zögerlich): *Amy, ich muss dir etwas zeigen.*
Amy (neugierig): *Ja?*

Laurie legt ihr den Artikel hin, Amy liest.
Als sie fertig ist, starrt sie Laurie fassungslos an und rückt mit dem Stuhl von ihr weg.
Amy: *Was soll das?*
Laurie: *Das ist mein Leitartikel für die Schülerzeitung.*
Amy: *Hast du den Verstand verloren? Das kannst du doch so nicht drucken!*
Laurie: *Natürlich, die Leute müssen die Wahrheit über die Welle erfahren!*
Amy: *Die Wahrheit? Hör mal, wenn es um deinen Streit mit David geht, das wird schon wieder. Aber lass die Welle da raus.*
Laurie: *Ach, darum geht es hier doch überhaupt nicht. Merkst du denn nicht, dass ihr wie die Lemminge eurem großen Führer Mr Ross hinterherlauft? Ich erkenne dich gar nicht mehr wieder! Und ich glaub's einfach nicht, dass du die Welle immer noch verteidigst, nachdem du das gelesen hast!*
Amy: *Was stimmt denn mit dir nicht?*
Laurie: *Nein, mit dir stimmt etwas nicht! Aber du bist zu verblendet, um es zu sehen! Du hast dich verändert, Amy.*
Amy: *Ja, ich habe mich verändert, und das ist auch gut so. Ich will nicht mehr länger in deinem Schatten stehen!*
Laurie (ringt nach Worten): *Aber Amy …*
Amy: *Nein! Du bist doch nur dagegen, weil du nicht mehr im Rampenlicht stehst, wenn alle gleich sind. Endlich werde ich akzeptiert wie ich bin, ohne wie du sein zu müssen.*
Laurie: *Aber das musst du doch auch gar nicht!*
Amy: *Du hast leicht reden, Prinzessin. DU bist immer perfekt, alle wollten wie du sein. Aber jetzt nicht mehr und damit kommst du nicht zurecht.*

Laurie zögert kurz, dann steht sie auf und haut auf den Tisch.
Laurie: *Ich werde den Artikel veröffentlichen! Die Wahrheit muss ans Licht.*

Amy steht auch auf.
Amy: *Tu es nicht, Laurie. Du wirst es bereuen.*
Laurie: *Zu spät, es ist schon im Druck.*
Amy: *Du wirst ja sehen, was du davon hast.*
Amy wendet sich zum Gehen.
Laurie (ruft ihr hinterher): *Melde dich, wenn du wieder vernünftig geworden bist!*

Aufgabe 2

- *Angriff auf den jüdischen Jungen*
- *Niederlage der Footballmannschaft*
- *Beschwerden von Eltern und anderen Lehrkräften*
- *Kritik an seinem Vorgehen*

Aufgabe 3

a) *Robert ist vom Außenseiter zum glühendsten Verfechter der Welle geworden. Er würde alles dafür tun, seinen neuen Status in der Mitte der Gemeinschaft nicht zu verlieren.*

b) *Das wird nicht ganz klar, da er unterbrochen wird. Vermutlich will er sie einschüchtern, damit sie den Mund hält.*

Schreibaufgabe 6

Laurie läuft über den Campus, David und Brian folgen ihr.
David: *Laurie, bleib doch bitte stehen!*
Laurie (läuft weiter): *Was wollt ihr?*
Brian: *Wir wollen nur mit dir reden, Laurie. Über deinen Artikel.*
David: *Bitte, Laurie.*

Sie bleibt mit Abstand zu ihnen stehen.
David: *Du weißt, wie wichtig uns die Welle ist. Wir können wirklich etwas verändern!*
Laurie. *Nein, sie verändert euch. Sie verändert dich, und Amy hat sie auch schon im Griff.*

David zögert.
Brian (ungeduldig): *Jetzt sag es endlich!*
Laurie (mit Blick auf Brian): *Traust du nicht mal mehr, allein mit mir zu reden?*
Brian: *Wir sind als Team gekommen, um mit dir zu reden.*
David: *Brian, lass uns bitte kurz allein.*

Brian entfernt sich widerwillig ein paar Schritte.
David: *Laurie, ich bitte dich, mach uns das nicht kaputt!*
Laurie: *Die Welle wird euch kaputt machen, du willst es nur nicht sehen!*
David: *Laurie, du musst aufhören mit deiner Propaganda gegen die Welle!*
Laurie (lacht): *Propaganda? Sag mal, merkst du noch was?*

Brian kommt zurück und will sich einmischen.
David streckt die Hand nach Laurie aus, sie weicht zurück.
Laurie: *Nein! Ich will nichts mehr hören! Lasst mich in Ruhe!*

Sie geht.
David: *Sie wird schon noch vernünftig werden. Vielleicht sollte ich besser noch mal allein mit ihr reden.*

Kapitel 15 | Seite 143–159

S. 24

Meine Überschrift: *Das Experiment abbrechen?*

Aufgabe 3

Mein Experiment ist mir zu gut gelungen, sogar ich finde es langsam beängstigend, wie nahe ich die Schüler an die Mitglieder der Hitlerjugend herangebracht habe. Die Welle ist omnipräsent, die Helfer setzen das Führerprinzip fort. Und ich, ich bin ihr Führer geworden. Sie gehorchen meinen Befehlen und wenn ich keine gebe, geben sie sich gegenseitig welche. Wie die Nationalsozialisten habe ich die Jugendlichen langsam an alles herangeführt, um sie von der Idee zu überzeugen. Jetzt muss ich das Ganze zu einem Abschluss bringen, aus dem sie eine Lektion fürs Leben lernen.

Aufgabe 4

a)

Christys Argumente	Bens Argumente
Schüler schwänzen den Unterricht	*Kritiker verstehen das Ziel seines Experiments nicht.*
Schule wird entzweit	*Er kann es noch nicht beenden.*
Beschwerden beim Direktor	*Er macht sich auch Sorgen, aber der Lerneffekt ist ihm wichtiger.*
Ben weiß nicht mehr, was er tut. *Er hat sich selbst zu sehr verändert.*	*Er gibt zu, dass der Versuch eskaliert ist, aber er ist schon zu weit gegangen, um jetzt einfach abbrechen zu können.*

b) Individuelle Lösung, mögliche Antwort:
Ich würde das Experiment so schnell wie möglich beenden, bevor noch mehr Schüler zu Schaden kommen.

Aufgabe 5

Sie sollen lernen, wie leicht Menschen verführbar sind, und in Zukunft die Augen offen halten. Sie sollen lernen, dass selbstständiges Denken und Meinungsfreiheit wichtig sind.

Aufgabe 6

Aktuelles Thema, das offensichtlich viele (kritisch) beschäftigt.

Aufgabe 7

Mögliche Lösungen aus dem Text von S. 146–148:

„[v]oller Panik“ (S. 148)

„Die Stille [...] war irgendwie unheimlich.“ (S. 147)

„Herzschlag das lauteste Geräusch“ (S. 147)

„erstarrte“ (S. 147)

„ging schneller“ (S. 147)

„Angst einjagen“ (S. 147)

„stürzte hinaus“ (S. 148)

„wachsende Furcht“ (S. 147)

„Schritte?“ (S. 147)

Aufgabe 8

b) Individuelle Lösung

Aufgabe 9

a) *Ihm wird klar, dass er falsch lag und dass er die Welle über seine Beziehung gestellt hat, als er Laurie am Boden sieht. Er ist erschrocken über sich selbst und wozu er fähig war. Er realisiert, dass Laurie recht hatte, dass die Welle gefährlich ist, weil er sie deswegen verletzt hat.*

b) Individuelle Lösung, Möglichkeiten:

- *Ja, weil er seinen Fehler eingestanden und sich entschuldigt hat. Außerdem würde ich mir von der Welle meine Beziehung nicht zerstören lassen.*
- *Nein, weil Gewalt unverzeihlich ist und ich Seiten an ihm kennengelernt habe, die mir überhaupt nicht gefallen. Darüber könnte ich nicht hinwegsehen.*

Aufgabe 10

Christys Argumente

- *Direktor Owens wird es sonst beenden.*
- *Dann wird es auf jeden Fall ein Fehlschlag.*
- *Ben gefährdet seinen Ruf als Lehrer.*
- *Er bringt auch sie in Gefahr, weil sie mit ihm verheiratet ist.*
- *Er ist der Führer der Welle, die Schüler folgen ihm.*

Christys Ultimatum

„»Ben, du musst diese Welle morgen enden lassen« [....].“ (S. 152)

Schreibaufgabe 7

David bemerkte es nicht, so entsetzt war er über sich selbst und was er gerade getan hatte.
Laurie befreite sich aus seiner Umarmung.
„Siehst du jetzt, was die Welle aus dir gemacht hat?“
Tränen liefen ihr über die Wangen. „Ich hätte nie von dir gedacht, dass du so etwas tun könntest!“
„Ja ... ich ... bitte, Laurie, verzeih mir. Ich dachte ... ich dachte wirklich, dass die Welle etwas Gutes wäre, dass sie unsere Gemeinschaft stärken würde.“
„Ja, stattdessen hat sie uns voneinander entfremdet!“
„Ich lag so falsch, du hattest du ganze Zeit recht. Und ich bin dumm, ein völliger Idiot!“
Er traute sich kaum, ihr in die Augen zu sehen.
„Ja, das bist du!“
Ein zaghaftes Lächeln schlich sich auf ihr Gesicht.
Sie griff nach seiner Hand. „Wir sollten zu Mr Ross gehen. Er muss das Ganze beenden, er muss einfach!“
David zögerte kurz, weil er seinen Lehrer nicht nachts zu Hause aufsuchen wollte, stimmte dann aber zu. Diese Sache war wichtiger als Mr Ross‘ Nachtruhe. Zusammen machten sie sich auf den Weg zu seinem Haus.

Aufgabe 11

a) *Die Mitglieder folgen blind einem Führer. Der Einzelne zählt nicht, nur die Gruppe. Die Welle wird als das einzig Richtige angesehen. Gegner werden bedroht und mundtot gemacht, Gewalt wird eingesetzt. Meinungsfreiheit und Pressefreiheit werden bekämpft.*

b) *Das Ziel war, den Schülern die Situation im Deutschland der Nationalsozialisten näherzubringen – das ist gelungen.*

S. 29

Kapitel 16 | Seite 161–169

Meine Überschrift: *Ben Ross' Plan*

➲ Aufgabe 2

a) *Ben Ross will den Schülern eine Lektion erteilen, die sie nie wieder vergessen werden. An diesem Abend auf der Vollversammlung will er alles beenden. Carl Block und Alex Cooper von der Schülerzeitung sollen ihm dabei helfen. Laurie und David dürfen nicht eingeweiht sein, also wird es vermutlich um den Überraschungseffekt gehen. Vielleicht will er den Schülern vor Augen führen, wie sie sich verändert haben.*

b) *Wenn er es jetzt einfach abbrechen würde, könnte es seinen Zweck nicht mehr erfüllen. Er möchte es nutzen, um den Schülern eine wichtige Lektion zu erteilen, und dafür muss er es geordnet zu Ende führen.*

➲ Aufgabe 3

a)

Die Welle	*Hitlerjugend*
Führerprinzip: ein Führer und seine Helfer	*Führerprinzip*
alle sollen mitmachen	*alle müssen mitmachen*
Gemeinschaftsgefühl, Zusammenhalt	*Gemeinschaftsgefühl, Zusammenhalt*
Befehl und Gehorsam	*Befehl und Gehorsam*

b) *Die meisten Jugendlichen streben nach Anerkennung von Gleichaltrigen, sie wollen dazugehören und fürchten sich vor Ausgrenzung. Gleichzeitig wollen sie geschätzt werden und viele wollen zeigen, dass sie reif genug sind, Verantwortung zu übernehmen.*

c) und d) Individuelle Lösungen

➲ Aufgabe 4

a) *will Ideale erreichen*
lässt dabei die Realität aus den Augen

b)

Stärken des Idealisten	Schwächen des Idealisten
will Verbesserung	*hat unrealistische Ziele*
ist motiviert	*übersieht eventuell Negatives*
ordnet seine persönlichen Bedürfnisse seinem Ideal unter	*verausgabt sich dabei und tut sich schwer, bei Unerreichbarkeit des Ideals davon abzurücken*
richtet seine Aufmerksamkeit auf die Bedürfnisse anderer	*übergeht seine eigenen Bedürfnisse und läuft Gefahr, es allen recht machen zu wollen*

➲ Aufgabe 5

- *Mai 1933*
- *Bücher, die auf „Schwarzen Listen" standen*
- *Beschlagnahmung in Bibliotheken*
- *„undeutsches Schrifttum" von „verfemten" Autoren verbrannt*
- *u. a. Werke von Karl Marx, Heinrich Heine, Sigmund Freud, Thomas Mann, Heinrich Mann, Erich Maria Remarque, Bertolt Brecht, Erich Kästner, Kurt Tucholsky, Carl von Ossietzky und Alfred Kerr*
- *vorbereitet vom Hauptamt für Presse und Propaganda der Deutschen Studentenschaft*

Mini-Schreibaufgabe

Sehr geehrter Direktor Owens,

danke für Ihr bisher in mich gesetztes Vertrauen. Ich habe Sie ja bereits in meinen Plan eingeweiht. Nun habe ich noch eine letzte Bitte an Sie: Wenn Laurie und David in Ihr Büro kommen, verraten Sie ihnen nichts davon. Tun Sie so, als würden Sie sie nicht ernst nehmen. Sagen Sie ihnen, dass alles in Ordnung kommen wird. Sie glauben, die Welle würde sich ausbreiten und ich hätte sie hintergangen. Das muss auch so bleiben. Davon hängt das Gelingen meines Vorhabens ab, die beiden könnten unbeabsichtigt alles vereiteln, wenn sie die Wahrheit zu früh erfahren.

Ben Ross (101 Wörter)

Schreibaufgabe 8

Mitglieder der Welle!

Ich begrüße euch zu dieser Versammlung, die die wichtigste in der Geschichte der Welle sein wird.
Macht durch Disziplin! Macht durch Gemeinschaft! Macht durch Handeln!
Das sind die Grundsätze, die ich euch eingebläut habe. Und ihr habt sie verinnerlicht, ohne sie zu hinterfragen. Ohne euch zu fragen, was ich damit bezwecken will.
Ging es darum, euch näher zusammen zu bringen? Euch zu eurem Besten mehr Disziplin zu lehren?
Sicher, es gab zunächst positive Nebeneffekte. So viele pünktlich und ordentlich abgegebene Hausaufgaben habe ich noch nie erhalten. Und so mancher fand aus dem Abseits den Weg in eure Mitte. Aber um welchen Preis?
Ihr habt aufgehört, selbstständig zu denken. Habt andere bedroht, sie verprügelt, weil sie sich gegen euch stellten. Habt euch wie Schafe von eurem vermeintlich guten Hirten leiten lassen, in eine Richtung, die nur ein Ende hat: den Abgrund.
Es ging immer nur darum, euch etwas beizubringen. Etwas, das ihr nach dem Film über den Zweiten Weltkrieg nicht verstehen konntet, und ich gebe zu: ich auch nicht. Wie konnten die Menschen es so weit kommen lassen?
Manche haben verstanden, aber die Mehrheit noch nicht. Und deswegen stehe ich jetzt hier, um euch den Spiegel vorzuhalten.
Carl, Alex, jetzt!

(Auf einer Leinwand erscheint ein Foto von jungen Nationalsozialisten, die in Reih und Glied stehen und auf ihren Führer Adolf Hitler blicken.)
Ihr seid nicht anders, als es diese jungen Menschen waren. Fehlgeleitet von einem Mann, der angeblich euer Bestes wollte. Ist das der Führer, nach dem ihr euch gesehnt habt?
Ich hoffe, ihr könnt jetzt verstehen, was ihr nach dem Film nicht konntet. Ich kann es.
Ich hoffe außerdem, dass ihr mir verzeihen könnt, dass ich euch gewissermaßen als Laborratten benutzt habe. Nie hatte ich gedacht, dass das Experiment so laufen würde, so weit gehen würde.
Sprecht miteinander, kommt zur Ruhe und werdet euch darüber klar, was passiert ist. Ich stehe euch zur Verfügung, wenn ihr mich braucht. Ich hoffe, ihr alle habt eure Lektion gelernt und werdet nie wieder ohne zu hinterfragen Befehle befolgen und einem Führer hinterherlaufen. Denkt nach, was die Menschen beabsichtigen könnten, und hinterfragt ihre Handlungen. Bleibt ihr selbst und lasst nicht zu, dass andere euch eure Meinung diktieren.
Die Welle ist tot, es lebe die Freiheit!

Hinweis: Es wäre denkbar, sich anhand dieser Rede mit dem einschlägigen Vokabular heutiger vermeintlich „kritisch Denkender“ auseinanderzusetzen (z. B. „Schlafschafe“). Zum Vergleich bieten sich zahlreiche Kommentare in sozialen Netzwerken an, die analysiert werden könnten.

S. 31

Kapitel 17 | Seite 171–180

Meine Überschrift: *Die Enthüllung des Führers*

➲ Aufgabe 2

Die größte Verantwortung eines jeden (An-)Führers liegt in dem Wissen, dass seine Anhänger ihm folgen und er sie in die richtige Richtung führen muss. Es ist zu leicht, diese Macht zu missbrauchen. Seine ganz persönliche Verantwortung ist jetzt, ihnen beizubringen, dass sie niemandem blind folgen dürfen.

➲ Aufgabe 3

1. *Sie haben sich für etwas Besonderes gehalten.*
2. *Sie haben ihre Freiheit der vermeintlichen Gleichheit geopfert.*
3. *Sie haben die Gleichheit in Vorherrschaft über die Nicht-Mitglieder verwandelt.*
4. *Sie haben den Willen der Gruppe über ihre eigenen Überzeugungen gestellt, auch wenn sie dafür anderen schaden mussten.*
5. *Sie haben andere bedroht.*
6. *Sie haben andere ausgeschlossen.*

Fazit: „»Ja, ja, ihr wärt alle gute *Nazis* gewesen […].«“ (S. 176)

➲ Aufgabe 4

Ben Ross ist klar geworden, dass auch er nicht immun gegen die Versuchung der Macht ist. Und es schmerzt ihn vielleicht auch, dass seine Schüler sich so leicht haben manipulieren lassen.

➲ Aufgabe 5

Ich habe gelernt, dass Faschismus auf dem Prinzip „wir gegen die“ basiert. Eine Gruppe von Menschen wird über eine andere erhoben und hält sich selbst für überlegen, wodurch die anderen weniger wert sind. Das macht es leichter, denen zu schaden, die nicht Teil der Elitegruppe sind. Angst wird eingesetzt, um andere zum Mitmachen zu bewegen. Der Wille der Gruppe wird über den eigenen gestellt.
Die Funktion ist die Unterwerfung der Massen unter den Willen eines Führers bzw. einer Führerelite, möglichst ohne, dass den Anhängern bewusst wird, dass sie ihren freien Willen für ihr Gemeinschaftsideal geopfert haben. In Wahrheit geht es nicht um Gemeinschaft, sondern darum, Macht über andere zu haben.

Kapitelübersicht

S. 32

Kapitel 1 | Seite 7–15: ***Laurie Saunders und Mr Ross' Unterricht***

Laurie Saunders, Ben Ross und weitere Figuren werden vorgestellt. Die meisten Schüler werden als lustlos und undiszipliniert beschrieben.

Kapitel 2 | Seite 17–25: ***Der Film***

Ben Ross zeigt seiner Klasse einen Film über den Nationalsozialismus. Die Schüler stellen Verständnisfragen dazu, auf die er keine Antworten hat.

Kapitel 3 | Seite 27–35: ***Gespräche über den Film***

Laurie, David, Brian und Amy unterhalten sich über den Film. Die Freundinnen sind recht mitgenommen davon; David und Brian tun es als „lange her" ab.

Kapitel 4 | Seite 37–41: ***Das Experiment***

Ben Ross grübelt über die Fragen der Schüler nach und plant ein Experiment, das die offenen Fragen (auch seine) beantworten soll.

Kapitel 5 | Seite 43–55: ***Macht durch Disziplin***

Das Experiment beginnt: Mr Ross bringt den Schülern mittels neuer Regeln mehr Disziplin bei. Die meisten sind plötzlich motiviert und haben Spaß daran. David sieht Potenzial für das Footballteam.

Kapitel 6 | Seite 57–65: ***Macht durch Gemeinschaft***

Mr Ross gibt der Gemeinschaft den Namen „Die Welle" und führt einen spezifischen Gruß und ein Symbol ein. David stellt dem Footballteam die Welle-Regeln vor.

Kapitel 7 | Seite 67–73: ***Kritische Stimmen***

Laurie erzählt ihren Eltern von der Welle, ihre Mutter ist skeptisch und besorgt. Ben Ross erzählt seiner Frau Christy von den überraschenden Lernerfolgen der Schüler durch die Welle.

Kapitel 8 | Seite 75–85: ***Macht durch Handeln***

Ben verteilt Mitgliedskarten und animiert die Schüler dazu, neue Mitglieder zu werben. Laurie hat ein ungutes Gefühl.

Kapitel 9 | Seite 87–97: ***Die „größte" Geschichte an der Schule***

Ben bemerkt eine Veränderung: Die Schüler sind fleißiger und schneller, aber hinterfragen nicht mehr. Laurie und die Redaktion planen die nächste Ausgabe der Schülerzeitung, inklusive Artikel über die Welle. Lauries Mutter warnt sie vor der Welle.

Kapitel 10 | Seite 99–104: ***Mr Ross beim Direktor***

Mr Ross wird zum Direktor zitiert und erklärt ihm sein Experiment. Direktor Owens lässt ihn gewähren, mahnt aber zur Vorsicht, um die Schüler nicht zu gefährden.

Kapitel 11 | Seite 107–113: ***Die Welle, eine Bedrohung?***

Laurie erhält den anonymen Brief eines Schülers, der bedroht wurde, weil er kein Welle-Mitglied werden will. Ben stellt fest, dass die Schüler sich gegenseitig führen. Robert wird sein Leibwächter.

Kapitel 12 | Seite 115–125: ***Die Versammlung***

Brian prügelt sich mit seinem Konkurrenten Deutsch. Laurie boykottiert die Versammlung und es kommt zum Streit mit David deswegen. Carl und Alex aus der Redaktion gründen mit Laurie den Widerstand. Lauries Vater erzählt ihr von dem Angriff auf den jüdischen Jungen.

Kapitel 13 | Seite 127–131: ***Die Schattenseiten der Welle***

Laurie wird beim Footballspiel ausgegrenzt. Die Redaktion stellt die Schülerzeitung fertig, die sich kritisch mit der Welle befasst.

Kapitel 14 | Seite 133–140: ***Laurie im Abseits***

Amy wendet sich wegen des Artikels von Laurie ab. Mr Ross ist entsetzt von den Entwicklungen. Die Mitglieder der Welle wollen Laurie zur Rede stellen und zum Schweigen bringen.

Kapitel 15 | Seite 143–159: ***Das Experiment abbrechen?***

Christy drängt Ben, das Experiment abzubrechen; er braucht noch Zeit, um es richtig zu beenden. Laurie wird bedroht. Nach einem weiteren Streit kommt David zur Vernunft und sie versöhnen sich. Zusammen fordern sie Ben auf, die Welle zu beenden. Er bittet sie noch um Geduld.

Kapitel 16 | Seite 161–169: ***Ben Ross' Plan***

Ben erläutert dem wütenden Direktor seinen Plan, dieser stimmt zu. Vor der Welle gibt Ben vor, die Bewegung hätte sich im ganzen Land verbreitet und kündigt den Auftritt des nationalen Führers an. Laurie und David fühlen sich von ihm betrogen, gehen aber trotzdem zur Versammlung.

Kapitel 17 | Seite 171–180: ***Die Enthüllung des Führers***

Bei der Versammlung enthüllt Ben den Führer: Adolf Hitler. Alle sind entsetzt, die Welle ist beendet. Laurie und David sind erleichtert, Ben tröstet Robert.

Weitere Arbeitsblätter

Ergänzend zu den Aufgaben des Lesebegleiters enthält dieses Lehrerheft sechs weitere Arbeitsblätter, die an verschiedenen Stellen der Romanerschließung eingesetzt werden können.

Interaktive PDFs zum Ausfüllen dieser Arbeitsblätter am Computer befinden sich im Downloadbereich. Wie der Download funktioniert, wird auf Seite 49 erläutert.

A1 Adolf Hitler – ein ehemaliger Anstreicher?
Dieses Arbeitsblatt eignet sich vor allem zur Bearbeitung vor oder zu Beginn des 2. Kapitels.
Es beschäftigt sich mit der Formulierung auf S. 17 des Romans: „»Es ist das Werk eines Mannes namens Adolf Hitler, eines ehemaligen Anstreichers [in manchen Ausgaben: Kunstmalers], der sich nach dem Ersten Weltkrieg der Politik zuwandte.«“

Der Begriff Anstreicher ist zweideutig:
1. Maler und Lackierer
2. Spott-Bezeichnung für populistisch auftretende Politiker, die die Erwartungen ihrer Anhänger nicht erfüllen können. Insbesondere auf Adolf Hitler angewandt, der sich zeitlebens für einen großen Kunstmaler hielt.

Die Schüler lernen den Begriff kennen und überlegen, ob es sich um einen Übersetzungsfehler des englischen Worts *painter* handelt oder um eine Anspielung. Es bietet sich an, sich ergänzend mit Lyrik zu beschäftigen, die den Krieg kritisierte (z. B. Erich Kästner, Bertolt Brecht ...).

A2 Der Widerstand
Dieses Arbeitsblatt beschäftigt sich kritisch mit der in Kapitel 2 geäußerten Frage Amys, warum keiner versucht hätte, die Nazis aufzuhalten. Die Schüler recherchieren und bereiten in Partner- oder Gruppenarbeit eine Präsentation über den Widerstand gegen den Nationalsozialismus vor oder gestalten ein Plakat. Nach der Recherche können die Ergebnisse in der Klasse gesammelt und ergänzt werden. Es ist ratsam, im Anschluss die genaue Themenwahl der Schülergruppen zu koordinieren, um Überschneidungen zu vermeiden.

A3 Einen inneren Monolog verfassen
Während Aufgabe 1 über die Textform innerer Monolog im Allgemeinen informiert, setzt Aufgabe 2 in Kapitel 12 an. Natürlich kann der Infokasten auch an anderer Stelle eingesetzt und mit einer anderen Aufgabenstellung ergänzt werden, weitere mögliche Figuren wären z. B. Mrs Saunders oder Christy Ross und ihre Gedanken zum Experiment.

A4 Eine Rezension zu *Die Welle*
Nach dem Lesen des gesamten Romans sollen die Schüler eine Rezension verfassen, die ihre persönliche Meinung zum Buch abbildet.

A5 Roman und Verfilmung
Dieses Arbeitsblatt befasst sich mit dem Vergleich des Romans mit der deutschen Verfilmung des Experiments von 2008, in der Jürgen Vogel die Rolle des Lehrers verkörpert. Der Film basiert auf dem ursprünglichen Experiment, nicht auf dem Roman, und weicht daher stark von diesem ab.

A6 Faschismus heute?
Dieses Arbeitsblatt setzt nach dem Lesen des gesamten Romans an und ist sehr anspruchsvoll. Das Niveau kann variiert werden, indem den Schülern konkrete Recherchetexte vorgegeben werden. Ähnlich wie bei A2 sollten die Präsentationen thematisch koordiniert werden. Es bietet sich evtl. an, auch Videos heutiger Politiker einzubeziehen und die Themen Rechts- und Linksextremismus zu vertiefen.

Adolf Hitler – ein ehemaliger Anstreicher?

A1

Aufgabe 1

Recherchiere online zu Adolf Hitlers Leben. Notiere wichtige Daten.
Du kannst auch einen Zeitstrahl gestalten.

Aufgabe 2

„»Es ist das Werk eines Mannes namens Adolf Hitler, eines ehemaligen Anstreichers[1], der sich nach dem Ersten Weltkrieg der Politik zuwandte.«" – Ben Ross (S. 17)

Recherchiere: Was ist ein Anstreicher? Notiere die beiden Bedeutungen.

___

___

Aufgabe 3

a) Lies *Das Lied vom Anstreicher Hitler* von Bertolt Brecht.

Das Lied vom Anstreicher Hitler (1933)[2]

Der Anstreicher Hitler
Sagte: Liebe Leute, laßt mich ran!
Und er nahm einen Kübel frische Tünche
Und strich das deutsche Haus neu an.
Das ganze deutsche Haus neu an.

Der Anstreicher Hitler
Sagte: Diesen Neubau hat's im Nu!
Und die Löcher und die Risse und die Sprünge
Das strich er einfach alles zu.
Die ganze Scheiße strich er zu.

O Anstreicher Hitler
Warum warst du kein Maurer? Dein Haus
Wenn die Tünche in den Regen kommt
Kommt der Dreck drunter wieder raus.
Kommt das ganze Scheißhaus wieder raus.

Der Anstreicher Hitler
Hatte bis auf Farbe nichts studiert
Und als man ihn nun eben ranließ
Da hat er alles angeschmiert.
Ganz Deutschland hat er angeschmiert.

b) Was denkst du: Handelt es sich auf S. 17 um eine Anspielung oder eher um einen Übersetzungsfehler? (engl. *painter:* Maler, Anstreicher) Begründe deine Antwort.

___

___

1 In manchen Ausgaben steht hier *Kunstmalers*.
2 Brecht, Bertolt: Gesammelte Gedichte, Band 2, Nr. 441, edition Suhrkamp. Frankfurt am Main: Suhrkamp Verlag 1967. (in alter Rechtschreibung)

A2

Der Widerstand

„»Warum hat dann keiner versucht, die Nazis an dem zu hindern, was sie taten?«“ – Amy (S. 20)

Ben kann Amy und dem Rest der Klasse nur wenig zufriedenstellende Erklärungen geben.
Aber ist es wahr, dass keiner versucht hat, die Nationalsozialisten aufzuhalten?

Aufgabe 1

a) Recherchiere in Büchern oder im Internet (z. B. auf https://www.dhm.de/lemo/) über den Widerstand gegen den Nationalsozialismus.

b) Notiere stichpunktartig, was du herausgefunden hast. (z. B. Gruppenbezeichnungen, Namen wichtiger Personen, Vorgehensweise ...)

Weiße Rose: ______________________________

____

____

____

____

____

____

____

____

Aufgabe 2

Du hast viel über den Widerstand gegen den Nationalsozialismus recherchiert. Welche Person oder welche Gruppe hat dich persönlich am meisten beeindruckt und warum?

____

____

Aufgabe 3

a) Besprich deine Ergebnisse aus Aufgabe 1 mit einem Partner und ergänze deine Notizen.

b) Sucht euch eine der Gruppen/Personen aus und bereitet eine Präsentation vor oder gestaltet ein Plakat.

Lehrerheft – Die Welle | Krapp & Gutknecht Verlag (2022)

Einen inneren Monolog verfassen

A3

Aufgabe 1

Lies den Infokasten.

Innerer Monolog

In einem inneren Monolog geht eine Figur in sich und du bringst ihre Gedanken in der Ich-Perspektive zu Papier. Häufig geht es darum,

- über Probleme und Beziehungen zu anderen Figuren nachzudenken,
- das eigene Verhalten kritisch zu hinterfragen und sich ggf. Vorwürfe zu machen,
- Bedenken, Ängste und Hoffnungen zu äußern,
- eine Entscheidung zu treffen,
- Pläne für die Zukunft zu schmieden.

Beginne damit, die Ausgangssituation aufzuzeigen, indem du beschreibst, wie die Figur sich in dem Moment fühlt (meist als Reaktion auf etwas, das gerade passiert ist) und was sie erlebt hat. Die Gedankengänge können durchaus sprunghaft sein. Berücksichtige vorgegebene Schwerpunkte, das Wissen der Figur und ihre Gefühlswelt. Beachte Alter, Charakter, Sprachebene und Erlebnisse deiner Figur und passe den Satzbau an die Gefühlswelt und das Schreibziel an (unvollständige Sätze, Ausrufe).
Am Ende können ein Entschluss, ein Plan, ein Ausblick auf die Zukunft, Hoffnungen oder Befürchtungen stehen – je nachdem, womit deine Figur sich in ihrem inneren Monolog beschäftigt hat.

b) Welche ähnliche Schreibform hast du in deinem Lesebegleiter bereits kennengelernt?

____

Aufgabe 2

Versetze dich in die Rolle von David nach dem Streit mit Laurie auf S. 119. Mache dir zunächst Notizen und verfasse dann einen inneren Monolog, in dem er über den Streit und die ganze Situation nachdenkt.

____

____

____

____

____

____

____

____

____

____

____

A4

Eine Rezension zu *Die Welle*

Aufgabe 1

a) Lies den Infokasten.

Rezension

Eine Rezension ist eine kritische Beurteilung eines Buchs, eines Konzerts, eines Films oder einer Theateraufführung. In der Rezension werden sowohl positive als auch negative Aspekte des Werkes genannt und begründet.
Sie wird im Präsens (bei Vorzeitigkeit Perfekt) verfasst und beinhaltet:

Überschrift
1. Inhalt: knappe Zusammenfassung der Handlung
2. Kritik: detaillierte Besprechung des Werkes unter ausgewählten Gesichtspunkten
3. Fazit: abschließendes Resümee mit Aussprache einer Empfehlung

Natürlich kann eine Rezension auch nur positiv oder sehr negativ ausfallen. Der Verfasser sollte dabei aber sachlich argumentieren und nicht beleidigend werden.

Aufgabe 2

Bereite deine Rezension zu *Die Welle* vor.

a) Notiere in Stichpunkten die wesentliche Handlung.

b) Notiere in Stichpunkten, was du gut fandest und was dir nicht so gefallen hat oder unlogisch war.

c) Würdest du das Buch weiterempfehlen? Wenn ja, wem und warum? Wenn nein, warum?

Aufgabe 3

Verfasse nun deine eigene, ehrliche Rezension zu *Die Welle* (ca. 200 Wörter).
Denke auch an eine treffende Überschrift, die deine Meinung widerspiegelt.
Du kannst dazu eine Sternebewertung abgeben, die aber zu deiner Rezension passen sollte. ☆☆☆☆☆

Roman und Film

A5

Die deutsche Verfilmung von 2008 stützt sich auf das ursprüngliche Experiment, das auch dem Roman zugrundeliegt. Beim Ansehen des Filmes ist dir sicher aufgefallen, dass er in einigen wesentlichen Punkten vom Roman abweicht.

Aufgabe 1

a) Trage die Unterschiede in die Tabelle ein. In der letzten Zeile kannst du weitere ergänzen.

	Roman	**Film**
Handlungsort(e)		
Hauptfiguren: Namen, Situation ...		
Nebenfiguren		
Ende		
weitere Unterschiede?		

b) Beschreibe die Wirkung dieser Unterschiede stichpunktartig.

Aufgabe 2

Fertige ein Figurenschaubild für den Film an.

Aufgabe 3

Achte darauf, deine Antworten auch zu begründen, damit deine Meinung nachvollziehbar ist.

a) Stell dir vor, du hättest das Buch noch nicht gelesen. Wie hat dir der Film unabhängig vom Roman gefallen?

b) Ist der Film für dich eine gelungene Verfilmung des Romans?

c) Was hat dir besser gefallen: der Roman oder der Film?

Aufgabe 4

Schreibe deine Kritik (Rezension) über den Film. Du kannst auch darauf eingehen, wie du die starken Unterschiede zum Roman findest.

A6

Faschismus heute?

„»Faschismus, das ist nicht etwas, das nur andere Menschen betrifft. Faschismus ist hier mitten unter uns und in jedem von uns.«" (S. 176)

Bad Harzburg, jubelnde NSDAP-Anhänger (Bundesarchiv, Bild 102-12405/ wikimedia.org, CC-BY-SA 3.0)

Aufgabe 1

a) Recherchiere und erkläre den Begriff „Faschismus", indem du Merkmale aufzählst.

____

____

____

____

b) Recherchiere und erkläre den Begriff „politischer Extremismus", indem du Merkmale aufzählst.

____

____

____

Aufgabe 2

Recherchiere online über die Verbindung der Neuen Rechten zum Faschismus und mache dir Notizen.

https://www.bpb.de/apuz/257660/neue-rechte-und-ideologische-traditionen (31.05.21)
https://ze.tt/was-ist-ein-faschist/

Aufgabe 3

Du hast dich intensiv mit dem Thema beschäftigt, würdest du Ben Ross' Aussage zustimmen? Erläutere, wo du heutzutage in Deutschland Gefahren (Tendenzen hin zu Faschismus und politischem Extremismus) siehst.

____

____

____

____

Aufgabe 4

Bereitet in der Gruppe eine Präsentation zum Thema „Faschismus und politischer Extremismus heute" vor. Verwendet eure Ergebnisse aus den vorangegangenen Aufgaben.

Lösungen zu den Arbeitsblättern

A1 Adolf Hitler – ein ehemaliger Anstreicher?

LA1

Aufgabe 1

- **20.04.1989 in Braunau am Inn*
- *Tod des Vaters Anfang 1903*
- *Oktober 1907: erfolglose Bewerbung um Kunststudium in Wien*
- *24.10.1907: Rückkehr zur Mutter nach Linz*
- *21.12.1907: Tod der Mutter*
- *1908–1913: obdachlos in Wien*
- *1913: Umzug nach München als Flucht vor österreichischem Militärdienst*
- *Ab 01.09.1914: freiwilliger Militärdienst in Bayern*
- *September 1919: Beitritt zu DAP, Eintritt in die Politik*
- *Ab Juli 1921: Vorsitzender der NSDAP*
- *November 1923: Putschversuch in München, um Weimarer Republik zu stürzen*
- *Februar bis Dezember 1924: Haft in Landsberg am Lech, Entstehung „Mein Kampf"*
- *26.02.1925: Gründung der NSDAP*
- *April 1925: Gründung der SS*
- *Ab 1932: geheimgehaltene Beziehung mit Eva Braun*
- *30.01.33 Ernennung zum Reichskanzler durch Hindenburg*
- *02.08.34: nach Tod Hindenburgs Vereinigung der beiden Ämter Reichskanzler + Reichspräsident*
  Ab dann Überwiegender Aufenthalt in Berlin
- *1938: Anschluss Österreichs*
- *01.09.1939: Überfall auf Polen und Beginn des Zweiten Weltkriegs*
- *30.04.1945: Selbstmord in Berlin*

Aufgabe 2

1. *Ein Maler und/oder Lackierer, der etwas mit Farbe überzieht.*
2. *Ein laut und selbstgewiss auftretender Politiker, der die selbst geweckten Erwartungen nicht erfüllen kann.*

Aufgabe 3

b) *Ich denke, dass es sich hier um eine Anspielung handelt, die auf die 2. Bedeutung des Wortes „Anstreicher" zielt, einem lauten und selbstgewiss auftretenden Politiker, der selbst den von ihm geweckten Erwartungen nicht gerecht wird. Er hat viel versprochen, auch einiges umgesetzt, aber er hat Deutschland vieles seiner Vergangenheit und Herkunft vorenthalten sowie mit seinem Größenwahn in den Krieg und in Schulden gestürzt. Und viele haben sich von seiner Redegewandtheit mitreißen lassen.*

A2 Der Widerstand

LA2

Aufgabe 1

b) Individuelle Ergebnisse, zum Beispiel:

Weiße Rose: *Studenten, Hans und Sophie Scholl, Verteilung von Flugblättern*
Rote Kapelle: *kommunistisch, 150 Mitglieder, Kontakt zur Sowjetunion*
Kirchlicher Widerstand: *Bischof Clemens August Graf von Galen, in seinen Predigten und mittels Flugblättern*
Kreisauer Kreis: *Helmut James Graf von Moltke, Claus Graf Schenck von Stauffenberg, Adam von Trott zu Solz: Bombenattentat auf Hitler*
Einzelpersonen: *z.B. Rudolf von Scheliha, Whistleblower, der Interna an die Alliierten gab*
Goerdeler Kreis: *Carl Friedrich Goerdeler, Ulrich von Hassell, Ludwig Beck, Johannes Popitz, Wilhelm Leuschner: Umsturzversuch zur Neuordnung Deutschlands als Monarchie*
Edelweißpiraten: *Jugendgruppen, Verteilung von Flugblättern, Verstecken von Flüchtlingen*

Aufgabe 2

Individuelle Lösung, mögliche Antwort:
Am meisten beeindruckt bin ich von den Edelweißpiraten, da sie selbst noch Jugendliche waren und trotzdem ihr Leben riskierten, Ich weiß nicht, ob ich das gewagt hätte.

Aufgabe 3

Individuelle Lösungen

L A3

A3 Einen inneren Monolog verfassen

Aufgabe 1

b) Tagebucheintrag

Aufgabe 2

Notizen: *Warum sieht sie das denn nicht ein?*
Endlich ist sie nicht mehr die Beste, da alle gleich sind und keiner besser oder schlechter.
Soll sie sich doch einen Neuen suchen, wenn ich so dumm bin ...

Wow, was ist denn bloß mit Laurie los? So haben wir uns noch nie gestritten! Warum sieht sie denn nicht ein, dass die Welle eine tolle Sache ist? Endlich sind mal alle gleich, keiner ist besser oder schlechter, wir sind alle eine Gemeinschaft. Und das nicht nur auf Football bezogen, denn auch Robert, der nicht Football spielt, ist plötzlich wie ausgewechselt! Aber sie muss ja immer die Beste von allen sein ... tja, ist sie seit der Welle eben nicht mehr, vielleicht stinkt ihr das. Und wenn ich doch ach so dumm bin, dann soll sie sich eben einen anderen suchen. Wir werden ja sehen, ob unsere „Miss Neunmalklug" einen findet. Ich freue mich jetzt jedenfalls auf die Versammlung.

L A4

A4 Eine Rezension zu *Die Welle*

Aufgabe 2

a)

- *Ben Ross zeigt Film über Konzentrationslager im Geschichtsunterricht, Schüler können nicht begreifen, wie das passieren konnte, er hat keine Antworten*
- *Entschluss Bens: Experiment Faschismus*
- *neue Regeln, Gruß, Ben als Führer: Die Welle entsteht*
- *kritische Stimmen von Laurie und der Schülerzeitung*
- *David ist für die Welle, Amy auch. Außenseiter Robert geht darin auf*
- *Nicht-Mitglieder werden bedroht, ein jüdischer Junge verprügelt*
- *kritischer Artikel über die Welle in der „Ente": Ben realisiert, dass er zu weit gegangen ist.*
- *David und Laurie streiten, er schubst sie und erkennt, dass er einen Fehler gemacht hat. Sie vertragen sich wieder.*
- *Ben beendet das Experiment, indem er den Schülern den Spiegel vorhält: alle sind erschrocken, Robert ist am Boden zerstört*

b) Individuelle Lösung, zum Beispiel:
Gut fand ich, dass das Buch zum Nachdenken anregt. Unlogisch war für mich, wie das Experiment in so kurzer Zeit (wenige Tage) solche Ausmaße annehmen konnte.

c) Individuelle Lösung, zum Beispiel:
Ich würde das Buch für Jugendliche empfehlen, die gerade das Thema Nationalsozialismus im Geschichtsunterricht behandeln, da es manches vielleicht verständlicher macht.

Aufgabe 3

Individuelle Lösung, Lösungsvorschlag:

Die Macht der Manipulation

Ein Film über die Konzentrationslager der Nationalsozialisten erschüttert die heile Welt der Schüler der Gordon High: Wie konnten die Menschen das damals zulassen? Geschichtslehrer Ben Ross hat keine zufriedenstellende Antwort und entschließt sich zu einem Experiment, das die Entstehung eines faschistischen Regimes nachvollziehbar machen soll. Die Organisation die Welle entsteht und mit ihr neue Verhaltensregeln. Schon bald zieht die Welle weite Kreise und vereint gänzlich unterschiedliche Schüler wie den Footballer David und den Außenseiter Robert in einer Gemeinschaft. Davids Freundin Laurie nimmt die Sache nicht so ernst und ist vom plötzlichen Gehorsam der anderen irritiert. Die neue Gemeinschaft offenbart rasch ihre Schattenseiten – wer nicht mitmachen will, wird ausgegrenzt und sogar bedroht. Als ein jüdischer Mitschüler deswegen verprügelt wird, beschließen Laurie und die anderen Mitglieder der Schülerzeitungsredaktion, in einer Sonderausgabe alles aufzudecken, um die anderen wachzurütteln. Doch es braucht mehr, um die Welle noch aufzuhalten.

Der Schreibstil ist leicht verständlich, die Figuren sind etwas schlicht geraten. Dennoch regt der Roman zum Nachdenken an und macht deutlich, wie leicht sich Menschen begeistern und manipulieren lassen. Aber gerade darin liegt seine größte Schwäche: Er stellt es als zu einfach dar. Die Klasse, die vor der Geschichtsstunde anscheinend noch nie etwas vom Zweiten Weltkrieg gehört hat, fällt sofort auf Ben Ross' Experiment herein, obwohl sie sich eben erst mit der Thematik befasst hat. Innerhalb weniger Tage spielen sich die Ereignisse ab, die in einem Ende gipfeln, das durchaus erschreckender hätte ausfallen können. (242 Wörter)

A5 Roman und Verfilmung

L A5

Aufgabe 1

a)

	Roman	**Film**
Handlungsort(e)	*USA*	*Deutschland*
Hauptfiguren: Namen, Situation ...	*Laurie (Chefredakteurin Schülerzeitung, brünett, hübsch, sehr gut in der Schule, mit David liiert)* *David (Footballspieler, mit Laurie liiert)* *Amy (beste Freundin von Laurie, blond, Single)* *Brian (bester Kumpel von David, Footballspieler)* *Robert (Außenseiter, schlecht in der Schule, passive Persönlichkeit)* *Mr. Ross (experimentierfreudiger Geschichtslehrer, unkonventionell, verheiratet)*	*Karo (hübsch, brünett, mit Marco liiert, gut in der Schule)* *Marco (spielt im Wasserballteam, mit Karo liiert)* *Lisa (beste Freundin von Karo, blond)* *Sinan (im Wasserballteam, große Klappe)* *Tim (Außenseiter)* *Rainer Wenger (Lehrer, Leiter der Projektwoche, unkonventionell, wohnt mit seiner schwangeren Frau zusammen,)*
Nebenfiguren	*Direktor Owens, Christy Ross*	*Direktorin Kohlhage, Anke Wenger, weitere Teilnehmer der Projektwoche*
Ende	*Aufzeigen, dass dies auch in den USA geschehen kann,* *mittels Hitlerbild Beenden der Bewegung*	*Selbstmord Tims,* *Verhaftung Wengers*
weitere Unterschiede?	*Footballteam, Highschool,* *Geschichtskurs,* *Siezen des Lehrers*	*Wasserballteam, Gymnasium,* *Projektwoche Autokratie,* *Duzen des Lehrers*

b) Individuelle Lösungen, zum Beispiel:

- *fühlt sich durch den Handlungsort emotional näher an*
- *fatales Ende erschüttert mehr*
- *usw.*

Aufgabe 2

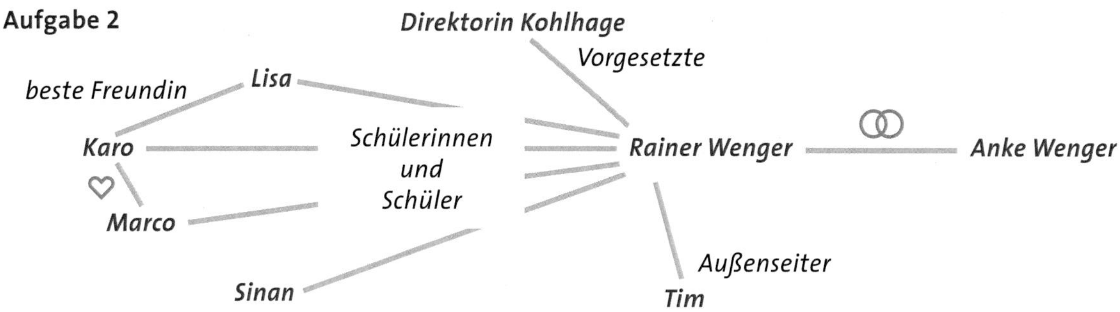

Aufgabe 3

Individuelle Lösungen

Aufgabe 4

Individuelle Lösungen, ein Beispiel für eine Rezension (zum Roman) findet sich in den Lösungen zu A4 auf S. 43.

L A6

A6 Faschismus heute?

Aufgabe 1

a) Die Definitionen sind umstritten, mögliche Merkmale sind:

Faschismus	Politischer Extremismus
• *alle extrem nationalistischen und einem Anführer folgenden Strömungen* • *undemokratisch, nicht liberal* • *militärisch organisiert* • *Ersatzreligion mit Kulten und Riten* • *hierarchisch aufgebaut, totalitärer Führungsstil* • *Manipulation durch Rhetorik, Gewalt und Terror* • *kann sich nur durchsetzen, wenn die Demokratie versagt* • *fordert unbedingten Gehorsam* • *Diktatur* • *Ablehnung der bisher dagewesenen Politik* • *Schaffen einer kollektiven Identität, Gemeinschaft*	• *Oberbegriff* • *kann links oder rechts gerichtet sein, die Definitionen fallen dann unterschiedlich aus* ***Hinweis:*** *Hier bietet sich eine vertiefende Behandlung der Themen Rechts- und Linksextremismus an.* • *lehnt den demokratischen Verfassungsstaat, seine Regeln und Werte ab*

Aufgabe 2

Gemeinsamkeiten der „Neuen Rechten“ mit Faschismus, zum Beispiel:

- *rechts gerichtet*
- *Ablehnung der bisherigen Politik*
- *nicht liberal*
- *kompromisslos*
- *Manipulation durch Rhetorik und Falschmeldungen*

Aufgabe 3

Individuelle Lösung, zum Beispiel:
Ich stimme dem Zitat nicht ganz zu, da ich finde, dass es etwas zu überspitzt ist.

Faschismus:
Das ist etwas strittig, wie in Aufgabe 2 behandelt, lassen sich zum Beispiel bei der „Neuen Rechten“ faschistische Tendenzen erkennen.

Politischer Extremismus:

- *rechts- und linksextreme Gewalttaten*
- *Aufwiegelung durch extreme Politiker*

Leistungsmessung

Klassenarbeit

Hinweis: Schreibe deine Antworten zusammen mit den Aufgabennummern auf ein Blatt.
Du darfst auch in der Lektüre nachschlagen.

➲ Aufgabe 1

Welche Bezeichnungen treffen nicht auf Laurie Saunders zu? Streiche sie durch.
faul – missmutig – humorlos – schüchtern – datet Brian Ammon – blond – gut in Geschichte – brünett – datet David Collins – hässlich – gut in Mathematik – hübsch – Chefredakteurin der „Ente"

➲ Aufgabe 2

Nenne zwei mögliche Gründe für das passive Verhalten vieler Deutscher im Holocaust.

➲ Aufgabe 3

a) Notiere Textstellen, in denen die Ansichten von Laurie und David zum Film deutlich werden. (Kapitel 3)

b) Erläutere, wessen Ansicht zum Film du am ehesten zustimmen würdest und warum: der von Laurie oder der von David?

➲ Aufgabe 4

a) Erkläre den Begriff „Disziplin" mit eigenen Worten.

b) Was findest du an den neuen Regeln bedenklich? Hat Ben tatsächlich „»ein Monster erschaffen«"? (S. 54)

➲ Aufgabe 5

Nenne drei Gemeinsamkeiten der **Welle** mit der *Hitlerjugend*.

➲ Aufgabe 6

a) Welchen Zweck haben die Karten, die Ben im achten Kapitel unter den Mitgliedern verteilt?

b) „Da war nur dieses ein wenig unheimliche Gefühl, das allmählich in ihr wuchs, das Gefühl, dass man mit dieser Welle vielleicht sehr, sehr vorsichtig umgehen müsse." (S. 92)
Erkläre, wodurch das unheimliche Gefühl in Laurie ausgelöst wird.

➲ Aufgabe 7

Nenne je einen positiven und einen negativen Aspekt der veränderten Arbeitsweise der Klasse.

➲ Aufgabe 8

a) Welche Einwände äußert Mrs Saunders gegen die **Welle** in Kapitel 7?

b) Als was bezeichnen Mrs Saunders und Laurie jeweils die **Welle** in Kapitel 9? Wähle den Standpunkt aus, dem du zustimmst, und formuliere ein Argument.

➲ Aufgabe 9

Nenne einen Vorteil und eine Gefahr des „Führerprinzips".

Aufgabe 10

a) Notiere, was Amy an der **Welle** gefällt.

b) Robert geht am meisten in seiner neuen Rolle auf. Begründe diese Begeisterung in einem Satz.

Aufgabe 11

Schlüpfe in die Rolle von Robert Billings am Ende des Romans. Wie hat er die Zeit der **Welle** empfunden? Wie geht es ihm jetzt? Was nimmt er sich für die Zukunft vor? Schreibe in sein Tagebuch. (mind. 150 Wörter)

Aufgabe 12

Setze die fehlenden Kommas in den Satz ein.

„Er war erleichtert dass alles gut zu Ende gegangen war und er war dankbar dass er noch immer seinen Job an der Gordon High School hatte." (S. ____)

Aufgabe 13

„aber dieses gemeinsame grüßen und aufsagen der grundsätze war ihr noch immer unbehaglich." (S. ____)

a) Schreibe den Satz in der richtigen Groß- und Kleinschreibung auf.

b) Welche Wörter müssen großgeschrieben werden?
Schreibe jeweils ein Stichwort als Begründung auf.

Aufgabe 14

„»Meine Mutter sagt, ihr käme das wie Gehirnwäsche vor.«" (S. 76)

Welcher Modus wird hier verwendet?

Aufgabe 15

„Während seine Kleidung sonst eher lässig wirkte, trug er heute einen blauen Anzug mit weißem Hemd und Krawatte." (S. 78)

a) Welcher Satzbau liegt hier vor?

- ☐ Satzgefüge
- ☐ Satzreihe
- ☐ Hauptsatz

b) Unterstreiche den Hauptsatz.

Lösungen zur Klassenarbeit

Aufgabe 1

~~faul~~ – ~~missmutig~~ – ~~humorlos~~ – ~~schüchtern~~ – ~~datet Brian Ammon~~ – ~~blond~~ – gut in Geschichte – brünett – datet David Collins – ~~hässlich~~ – ~~gut in Mathematik~~ – hübsch – Chefredakteurin der „Ente“

Aufgabe 2

Angst, Verleugnung

Aufgabe 3

a) David:

„»Doch, ja, als etwas Entsetzliches, das einmal in der Vergangenheit geschehen ist, beschäftigt es mich schon. Aber das ist lange her, Laurie. Für mich ist das einfach Geschichte. Was damals geschehen ist, kann man heute nicht mehr ändern.«“ (S. 28)
„»Und man kann sich auch nicht sein Leben lang damit herumschlagen« […].“ (S. 28)
„»Ich sage doch nicht, dass der Film mich kalt gelassen hat. Ich meine nur, das ist doch jetzt alles vorbei. Vergiss es! Es ist einmal geschehen, und die Welt hat etwas daraus gelernt. Es wird nie wieder geschehen.«“ (S. 32)

Laurie:
„»Dieser Film«, antwortete Laurie, »der beschäftigt mich wirklich.«“ (S. 28)
„»Aber man darf es auch nicht vergessen«, meinte Laurie.“ (S. 28)
„Der Film hatte ihr den Appetit verdorben.“ (S. 28)
„»Siehst du? Ich bin nicht die Einzige, die betroffen ist.«“ (S. 32)
„»Der Film war entsetzlich«, sagte Amy. Laurie nickte.“ (S. 33)

b) Individuelle Lösung, nach dem Lesen wird vermutlich Lauries Standpunkt bevorzugt werden.

Aufgabe 4

a) *Unter dem Begriff Disziplin versteht man das Einhalten von Vorschriften, aber auch Selbstbeherrschung.*

b) *Sie dienen dazu, der Klasse Gehorsam anzutrainieren, hinter dem die individuellen Persönlichkeiten verschwinden. Das finde ich bedenklich, weil zu viel Gehorsam dazu führen kann, dass falsche Anweisungen nicht mehr hinterfragt werden. Wenn man den Rest des Romans betrachtet, hat Christy nicht ganz Unrecht mit ihrer Aussage.*

Aufgabe 5

Symbol (Welle – Hakenkreuz)
Gruß (Welle-Gruß – Hitlergruß)
Gehorsam

Aufgabe 6

a) *Sie weisen ihnen einen Rang zu, erheben manche über die anderen.*

b) *Laurie beginnt unterbewusst zu ahnen, dass das Experiment außer Kontrolle geraten könnte, obwohl sie das ihrer Mutter gegenüber noch nicht zugeben will. Vielleicht ruft es in ihr auch beängstigende Erinnerungen an den Film wach.*

Aufgabe 7

positiv: Sie arbeiten effizienter.
negativ: Sie lernen nur noch auswendig, denken nicht mehr selbst.

Aufgabe 8

a)
- *militaristisch*
- *Schüler sollen Geschichte lernen, nicht wie man Teil einer Gruppe wird*
- *Menschen müssen auch als Individuen handeln*
- *fürchtet um Lauries Selbstständigkeit*
- *das Beliebte ist nicht immer richtig*
- *gefährlich, sich vom Lehrer manipulieren zu lassen*

b) *Kult (Mrs Saunders) bzw. Spiel (Laurie),* Individuelle Lösung:
Ich stimme Mrs. Saunders zu. Sie hat ganz recht, wenn sie sagt, dass sich unzufriedene Menschen bevorzugt von einem Kult mitreißen lassen. Dabei muss Veränderung von einem selbst kommen. Der Misserfolg beim Footballspiel zeigt auch, dass sich das Konzept der Welle nicht auf die Realität übertragen lässt.

Aufgabe 9

Vorteil: Man muss sich selbst weniger Gedanken machen, es wird einem viel abgenommen.
Nachteil: Man denkt nicht mehr selbst und kann leicht in eine falsche Richtung geführt werden.

Aufgabe 10

a) *niemand ist mehr besser als andere*
sie muss nicht mehr mit Laurie wetteifern
wird trotzdem gemocht

b) *Robert stand immer im Schatten seines Bruders und war ein Außenseiter, durch die Welle war er zum ersten Mal Teil einer Gemeinschaft und erfuhr Akzeptanz.*

Aufgabe 11

Individuelle Lösung, wichtig wäre:
- *Verzweiflung zeigen, weil die „gute" Zeit in der Welle vorüber ist*
- *Ungläubigkeit über sein Verhalten, dass er auf Mr Ross hereingefallen ist*
- *Blick in die Zukunft: mit Mr Ross' Hilfe etwas erreichen, sich nicht mehr mit seinem Bruder vergleichen und akzeptieren, wie er selbst ist*

Aufgabe 12

„Er war erleichtert, dass alles gut zu Ende gegangen war, und er war dankbar, dass er noch immer seinen Job an der Gordon High School hatte." (S. 179)

Aufgabe 13

a) „Aber dieses gemeinsame Grüßen und Aufsagen der Grundsätze war ihr noch immer unbehaglich." (S. 83)

b) *Aber: Satzanfang*
Grüßen und Aufsagen: Nominalisierungen
Grundsätze: Nomen

Aufgabe 14

Konjunktiv II

Aufgabe 15

a) *Satzgefüge*

b) „Während seine Kleidung sonst eher lässig wirkte, <u>trug er heute einen blauen Anzug mit weißem Hemd und Krawatte.</u>" (S. 78)